おざわゆき
渡邉博光

築地あるき

はじめに

私たちは、築地大好き夫婦の
おざわゆき・渡邊博光でございます。
最初はただの好奇心だったのが、どんどんその魅力にはまり、
いまはもう、築地に通うのが楽しくて楽しくて、
なにかにつけては出没しております。

築地のなにが楽しいって、
築地には、ありとあらゆる食のワンダーが、
限られた敷地の中に
ぎゅ〜〜〜〜〜〜〜〜っと
つまっているんです!!

築地でおいしいものは、
寿司や海鮮丼ばかりじゃありませんよ。

…え？
行ったことないから、
よくわからない！ですって？
1度行ったけど、どこで食べていいか
わからなかった!!ですって!?

それはもったいない！
普段、築地で食べ歩いている私たちが
おいしいお店を紹介します。

ではでは、ぜひ次のページから
お入りくださいな。
「築地あるき」開店〜〜♪

ITADAKIMASU!!

必食
食欲絶好調

Contents

築地場外マップ

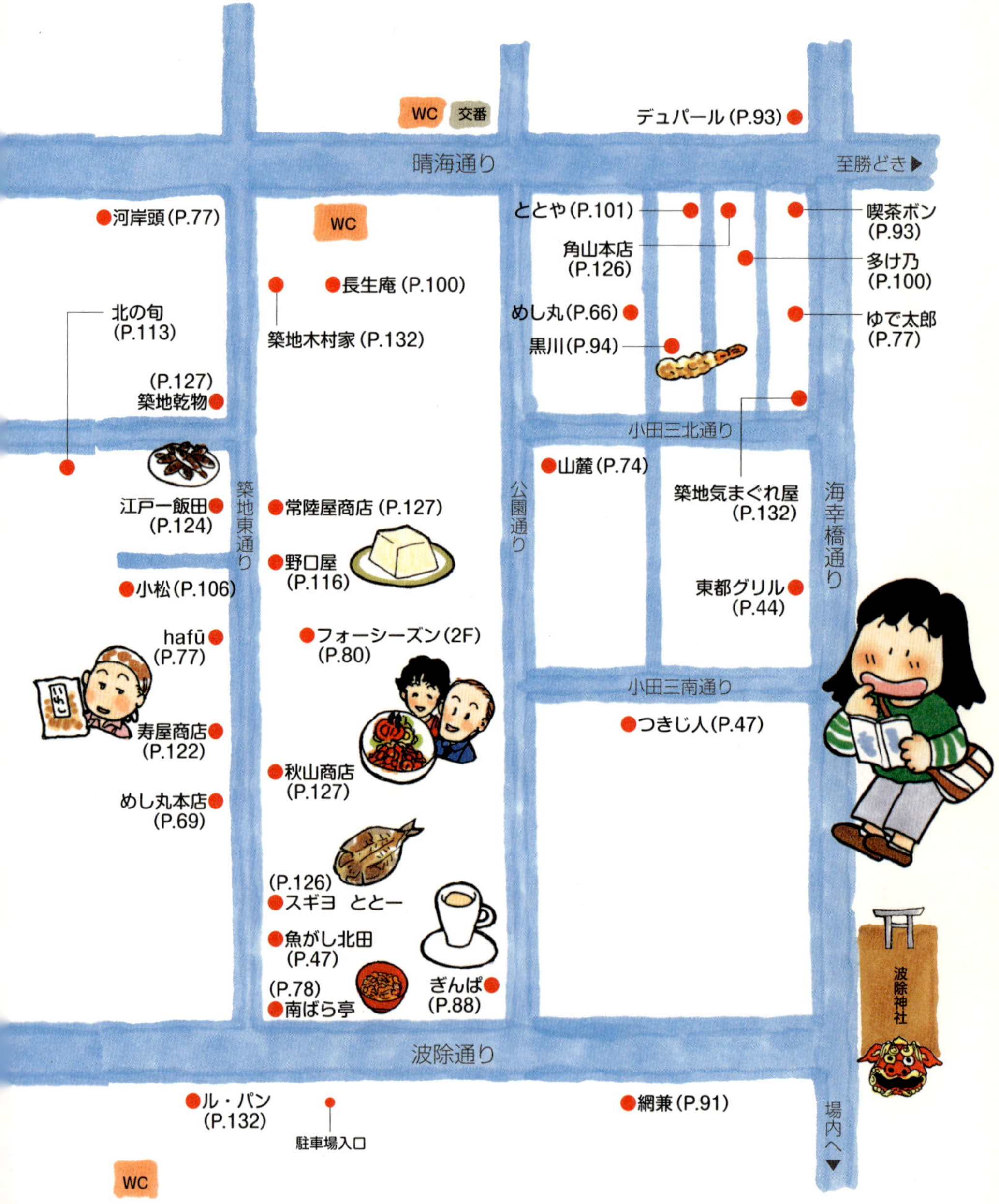

WC
交番
デュパール(P.93)
晴海通り
至勝どき▶
河岸頭(P.77)
WC
ととや(P.101)
喫茶ボン
(P.93)
角山本店
(P.126)
多け乃
(P.100)
長生庵(P.100)
北の旬
(P.113)
築地木村家(P.132)
めし丸(P.66)
ゆで太郎
(P.77)
黒川(P.94)
(P.127)
築地乾物
小田三北通り
山麓(P.74)
築地気まぐれ屋
(P.132)
江戸一飯田
(P.124)
常陸屋商店(P.127)
築地東通り
公園通り
海幸橋通り
野口屋
(P.116)
小松(P.106)
東都グリル
(P.44)
hafū
(P.77)
フォーシーズン(2F)
(P.80)
小田三南通り
つきじ人(P.47)
寿屋商店
(P.122)
秋山商店
(P.127)
めし丸本店
(P.69)
(P.126)
スギヨ　ととー
魚がし北田
(P.47)
波除神社
(P.78)
南ばら亭
ぎんぱ
(P.88)
波除通り
ル・パン
(P.132)
駐車場入口
網兼(P.91)
場内へ▼
WC

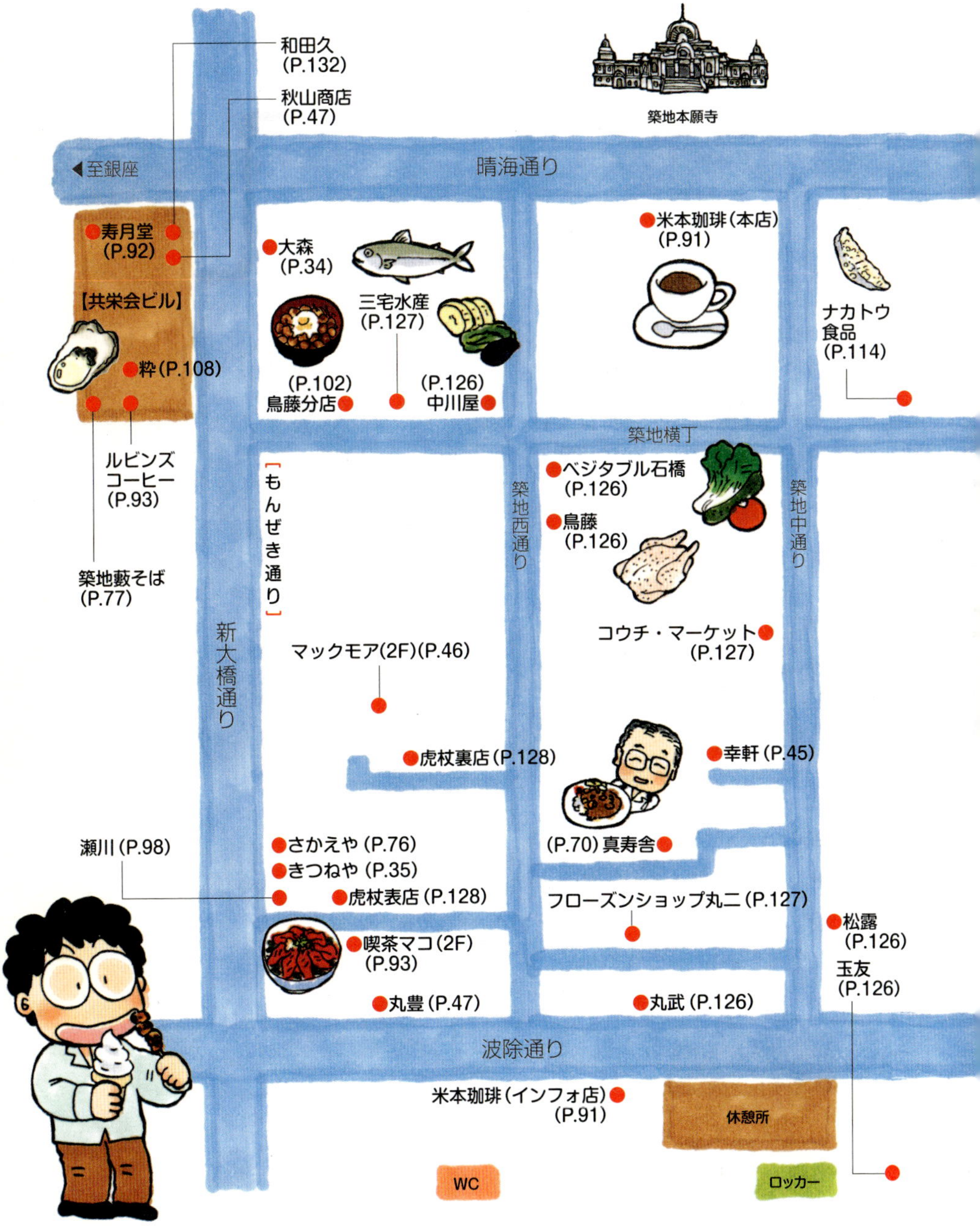

築地本願寺
至銀座
晴海通り
和田久
(P.132)
秋山商店
(P.47)
寿月堂
(P.92)
【共栄会ビル】
粋(P.108)
ルビンズ
コーヒー
(P.93)
築地藪そば
(P.77)
大森
(P.34)
三宅水産
(P.127)
(P.102)
鳥藤分店
(P.126)
中川屋
米本珈琲(本店)
(P.91)
ナカトウ
食品
(P.114)
築地横丁
ベジタブル石橋
(P.126)
鳥藤
(P.126)
もんぜき通り
築地西通り
築地中通り
新大橋通り
コウチ・マーケット
(P.127)
マックモア(2F)(P.46)
虎杖裏店(P.128)
幸軒(P.45)
(P.70)真寿舎
瀬川(P.98)
さかえや(P.76)
きつねや(P.35)
虎杖表店(P.128)
フローズンショップ丸二(P.127)
松露
(P.126)
玉友
(P.126)
喫茶マコ(2F)
(P.93)
丸豊(P.47)
丸武(P.126)
波除通り
米本珈琲(インフォ店)
(P.91)
休憩所
WC
ロッカー

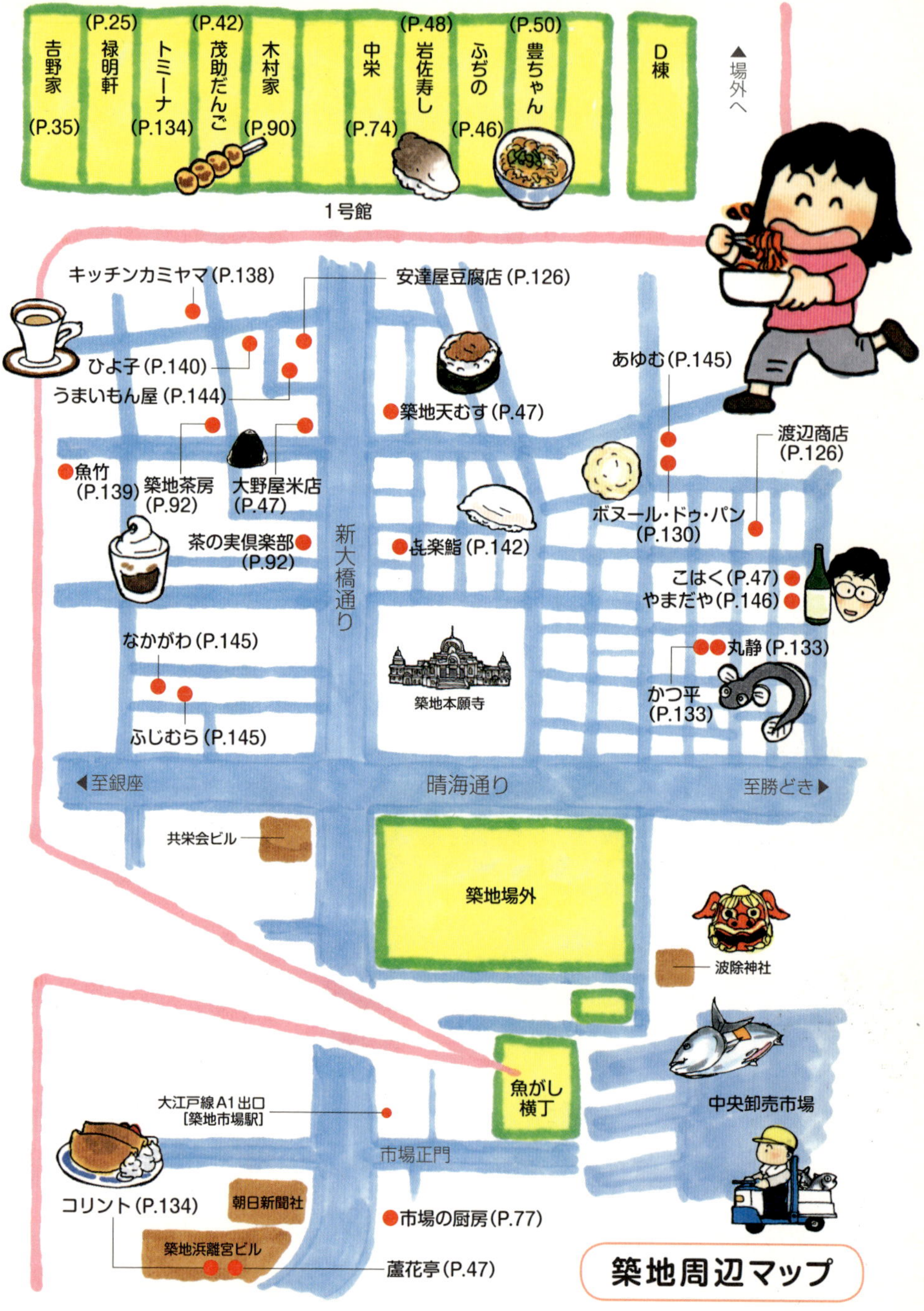

吉野家 (P.35)
禄明軒 (P.25)
トミーナ (P.134)
茂助だんご (P.42)
木村家 (P.90)
中栄 (P.74)
岩佐寿し (P.48)
ふぢの (P.46)
豊ちゃん (P.50)
D棟
1号館
▲場外へ
キッチンカミヤマ (P.138)
安達屋豆腐店 (P.126)
ひよ子 (P.140)
うまいもん屋 (P.144)
築地天むす (P.47)
あゆむ (P.145)
渡辺商店 (P.126)
魚竹 (P.139)
築地茶房 (P.92)
大野屋米店 (P.47)
ボヌール・ドゥ・パン (P.130)
茶の実倶楽部 (P.92)
㐂楽鮨 (P.142)
新大橋通り
こはく (P.47)
やまだや (P.146)
丸静 (P.133)
なかがわ (P.145)
築地本願寺
かつ平 (P.133)
ふじむら (P.145)
◀至銀座
晴海通り
至勝どき▶
共栄会ビル
築地場外
波除神社
中央卸売市場
魚がし横丁
大江戸線 A1 出口 [築地市場駅]
市場正門
コリント (P.134)
朝日新聞社
市場の厨房 (P.77)
築地浜離宮ビル
蘆花亭 (P.47)
築地周辺マップ

築地場内（魚がし横丁）マップ

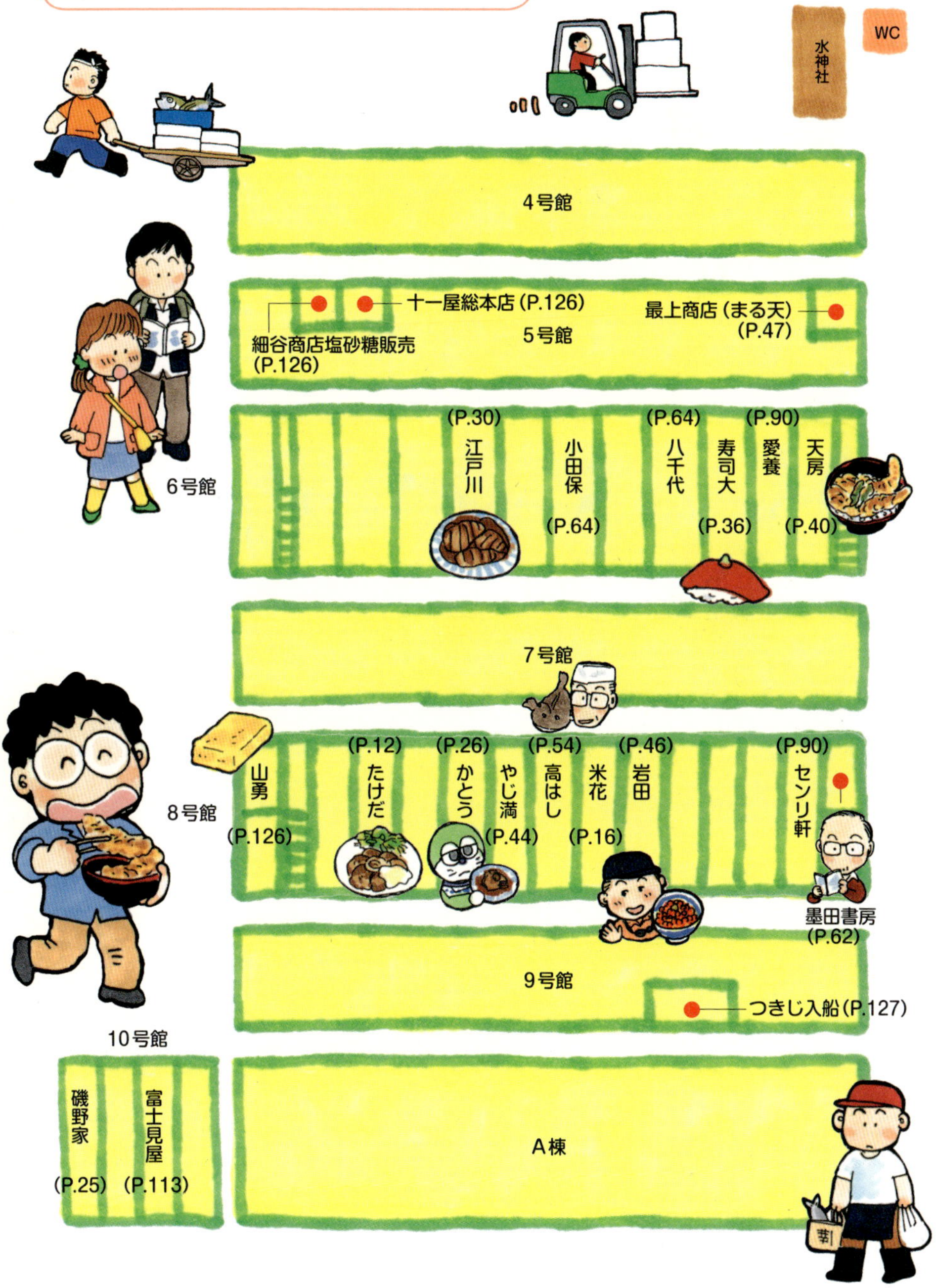

水神社
WC
4号館
十一屋総本店（P.126）
細谷商店塩砂糖販売
（P.126）
5号館
最上商店（まる天）
（P.47）
6号館
（P.30）
江戸川
小田保
（P.64）
（P.64）
八千代
寿司大
（P.36）
（P.90）
愛養
天房
（P.40）
7号館
8号館
山勇
（P.126）
（P.12）
たけだ
（P.26）
かとう
やじ満
（P.44）
（P.54）
高はし
米花
（P.16）
（P.46）
岩田
（P.90）
センリ軒
墨田書房
（P.62）
9号館
つきじ入船（P.127）
10号館
磯野家
（P.25）
富士見屋
（P.113）
A棟

【築地あるき】
鉄則の
1

「食は一期一会」

気になる食べ物があったら、迷わず食べとけってこと。
次の機会があると思っても、また出会えるとは限らない。

【築地あるき】
鉄則の
2

「迷ったときは全部食え」

かのＴＶチャンピオン・築地王が、築地ブログの巨匠
つきじろう氏に贈った言葉。感銘を受けたので、わが家では家訓としている。

【築地あるき】
鉄則の
3

「別腹はひとつでも多く作っておけ」

甘いものは別腹といわれるが、ほかにご飯用・麺類用など
別腹がたくさんあると、食べる楽しみはぐんと広がる。

1章

場内あるき

食は一期一会

洋食
たけだ
TAKEDA
築地には〝洋食〟とついたお店も多いのです
では築地で洋食って何が食べられると思いますか？
もちろん定番メニューもあるけど
ステーキっすよ
お‥ 顔がはみ出る
魚のス・テ・イ・キ
ではさっそく検証（？）に行きましょう
洋食たけだ
た
洋食
たけだ
洋食
場所は場内洋食「たけだ」
中は壁に向かって両サイドにカウンター
フライ カツ バター焼
ホタテ キス イカ エビ マグロ
ひょー
向かった先にはたくさんのメニューが…
いっぱい書いたる!!
う…お…ああ…
何にしよう どれにしよう あの子も欲しい あの子も食べたい 想談できない どーしましょ
決めてたのでいーかな
ああっ
ぱにっく!!
あ…はっはい
じゃトロステーキ 尾肉ステーキに アスパラフライつけて
ブン ブン
相方はお店の事前調査大好き人間
行こうと思った店は目当てが決まってることも多い
フムフム

じゃ
じゃんっ
尾肉ステーキ
トロステーキ
アスパラフライ
尾肉とはマグロの尾の部分
通常 卸《おろし》の競りにかけられる時に身の状態を見るために切り落とされている部分
生としては筋が多い部位だけど火をじっくり通せば…
へ?!
これ肉じゃん?!
わたしの口は〝肉〟と認識してます!
おー肉だあー この食感…
この食感まさに
へエー
しっかし このステーキソースうまっ
これがウワサの骨の〝ずい〟ね
まん中に骨があるのです
ずいずい ずっころばし
ぷるんぷるんだあ

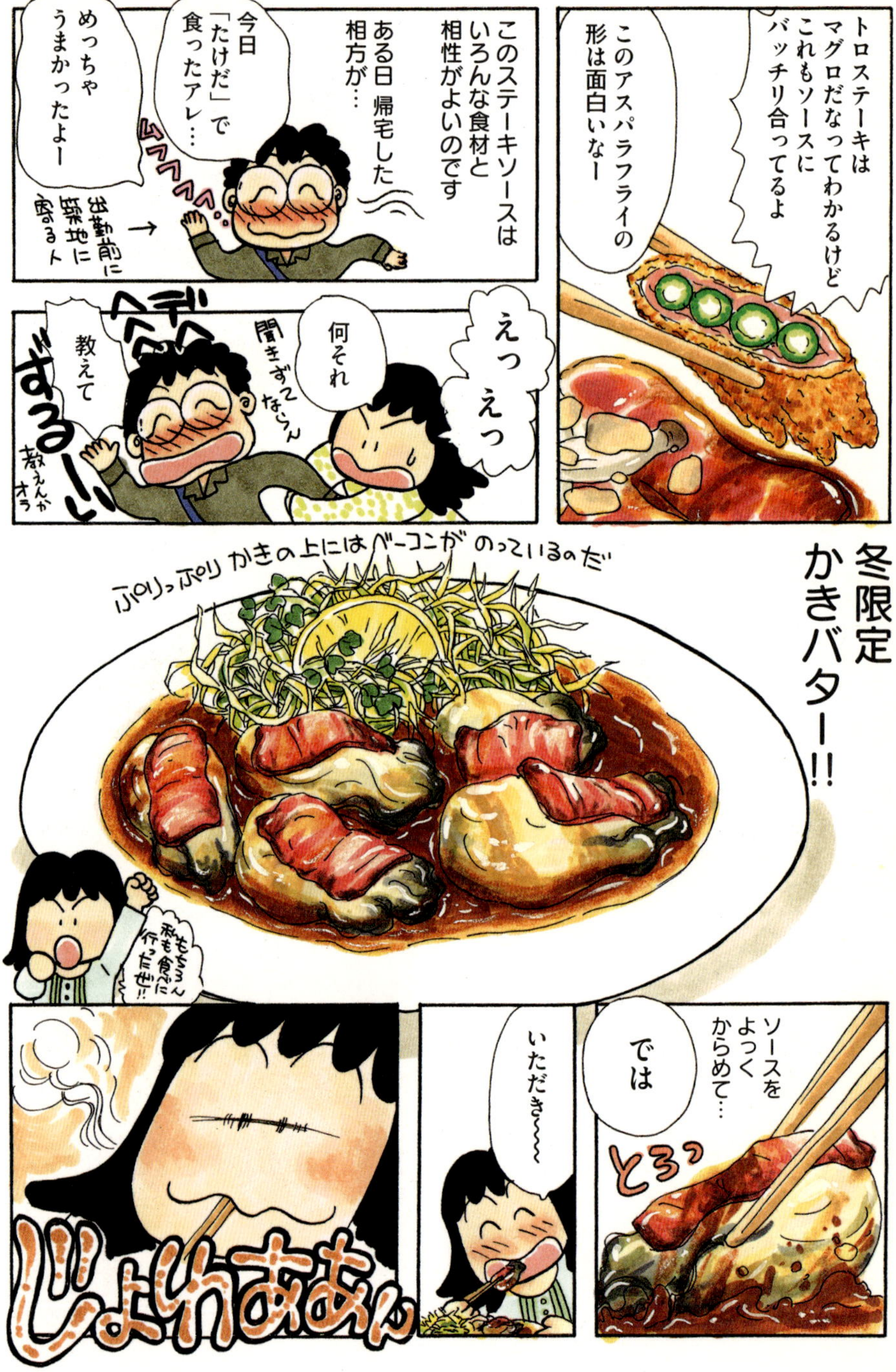

トロステーキはマグロだなってわかるけどこれもソースにバッチリ合ってるよ
このアスパラフライの形は面白いなー
このステーキソースはいろんな食材と相性がよいのです
ある日 帰宅した相方が…
今日「たけだ」で食ったアレ…
ムフフフフ
めっちゃうまかったよー
出勤前に築地に寄るん
えっ えっ
何それ
聞きずてならん
ヘデヘ
教えて
ずるーいい
教えんかオラ
冬限定 かきバター!!
ぷりっぷり かきの上にはベーコンが のっているのだ
もちろん私も食べに行ったぜ!!
ソースをよっくからめて…
では
とろっ
いただき〜〜〜
じょわああん

おほ――――っ!!
これはこたえられなさすぎ
うそー かきバターってこんなにおいしいの?! ベーコンのっけもにくいっっ
市場で女がひとりでも超幸せで大騒ぎ
バタバタ
うまーっ
ひゃほーーー
かきの後にこんな新メニューも出ました
牛ヒレステーキ!
正攻法で来たなあ
うまうま
やわらかっ上に切った油がのってるんだけど
実に「たけだ」らしいアクセントになってます
朝から大ゴチソウ気分
目玉焼きのトッピングでたまご一個はウインクっての「たけだ」で知りました
ううむ
「たけだ」のソーステイクアウト商品化希望〜

ナベMEMO

穴子バターなど、バター焼きが最高。アイナメなど、ほかではあまり見ない魚もある。ここのカキバターは本当にうまい。今までカキの食い方がフライか鍋か生ばかりだったのが悔やまれる。ジューシーさも食感もうまみも最高。フライもうまいのでカキフライ半分追加で注文するのが王道だ。

ほかのバター焼きでもフライ追加がこの店の一番のおススメ。

看板メニューのマグロバター焼きは尾肉、ホホ肉、トロステーキの3品。特に尾肉ステーキは力強い味わいに驚く。

ビーフトマトは結構ニンニクがきいているので、食べるときは注意。

とにかく、魚介のバター焼きやフライが種類豊富なうえ、牛豚鶏の洋食メニューも豊富、カレー、やきめし、カツ丼、オムライスまでそろうから、何を食べるか迷うこと必至。定食ならカレーちょいがけもお忘れなく。

たけだ

☎03-3543-0855

【場所】
8号館
【営業時間】
3：30～13：30
【定休日】
日・祝・休市日
【予算】
800～1500円

米花
YONE HANA
無数にはられた写真の数々
そんな店の中にありながら ひときわ目立つ存在 それが
いらっしゃーーーい
どーぞどーーぞおお
カウンターにいるこの人!! ジローさん
今日のおススメはうな丼に刺身に△△△に××!!
わあああっ
メニュー見る前に教えてくれるっ
ここは場内にあるうなぎ「米花」
うなぎ 米花
しかし一歩入ればここが築地であることを一瞬忘れさせるようなインパクト!!
じゃじゃあ うな丼と焼き鳥…
はあ〜い

うちはね― うなぎに こだわってて
とにかくよく しゃべる あっかるい人である
この間ここに アンジェラ・アキが 来たの!!
そこに 写真あるよ!
あー 本当だ!
あっ下の写真に 勝俣が写ってる 勝俣も来たん ですか?
そうじゃなくて アンジェラ・アキ! アンジェラ・アキを 見て!
最初は 外人さんが スタッフと そしたら
…勝俣は どうでもいいのかい?
はあ〜い うな丼おまたせ〜
うん! こだわってるだけ あっていい ウナギだね!
この値段で 食べられるん だーっ
焼き鳥 でぇ〜す

串ものとは思えないほど肉がでかいよ!!
なのにやわらか〜い
中までちゃんと火が通ってるよ何これっめちゃめちゃおいしいっっ
あっメニューには焼き鳥丼らしきものがあるみたいだ!!
なにそれっ今度試したい!!
とり丼 八五〇
肝吸
後日再来店の際食べてきました
はい避難避難
上に乗っている肉が大きすぎてこぼれそうなのだ それを避難させるお皿をくれる
わおく〜
期待を裏切らないうまさ!大当たりでしたおススメッ
カモォオーン
カモンカモン
外国人の団体さんだ!
ぞろ
オーウナーギ
ハウマッチ?
ぞろ
プリーズシッダーン
××××
□□□
×××
△△△

Hola
Hello
すげっ…☆超マシンガントーク…!!
英語はわかるけど…
すっごいまぜてしゃべってるぞ何ヶ国語だ?!
もしかしてインターナショナルインフォメーションを口頭でやっているのでは?!
ええっ
カメラが出た!!
ハアーイ
築地で働いてる人みずからカメラ出したの初めて見た…
ワンモアプリ〜ズ
だっから写真いっぱいなのか!
こりゃストロングなグローバルフレンドリーコミュニケーションだな
ジローさんはこんな紙もくれます
はいこれ
外国の人にプレゼントしててついでにくれる事も
?
手書きの外国語メニュー後単語リスト
あいさつや注文のしかたうーん親切だなー
これはハングルバージョン
サラ
サラ
のちに判明したのはハングル・北京・広東語・インドネシア語はペラペラだそうです
書くのもすごく速いの!

「米花」に何度か通って顔を覚えてもらえると
あら
いらっしゃーい 今日はね ブリがいいのよー
いらっしゃーい 今日はカキがおいしいの!
いろんな日替わりのおススメを教えてくれる
いらっしゃーい 今日はお刺身がいいよ
あ…じゃ それで
わあ楽しみ
はい 小鉢ね
「米花」は小鉢もいいのだ ここのうの花は天下一品といってる人もいるくらい
うの花、イカゲソ 昆布の煮物
はい お刺身ねー
でん。
わあっなっなにこれ ぶあつっ
まん中にあるのはアワビだが… あまりの立体っぷりに そっちに目がいってしまった
これ 立方体だよね… 切り身が自立してるよ
脂ののりがいいよーっ
ホタテもぷりっぷり!

先・先・先代からの長いつきあいのお店があるの
そのお店との信頼関係でいつでもいいものを持ってきてもらっているの
立方体刺身のネタのよさの秘訣は仕入れ先との厚い信頼関係にあるようです
ある日のタラの煮付けには白子がつけあわせだった…
サプライズすぎる☆
メインはってもいいものが…
汁をすってて これが ウマイんだ また
そしてある日は…
ほうぼうの汁ものでーす
まるっ
ほうぼう一匹まるごとだ!!
かっかわいい
ほうぼうってこういう形してたんだー
勉強になるねェ
しかしぜーたくだなー
エボ鯛の煮付けに出会った時には
よけた骨の上に後からお湯とタレをかけて飲ませてくれた
魚のダシがきいててうまいー

「米花」に通い出して
はまってしまう人続出
ああ
なぜか今日も
「米花」に来て
しまった
フラフラフラ
今日は何が
あるのかなー
ワクワク
初めて行っても
日替わりは出て
こないので注意!!
でも定番メニューも
超おススメ最初は
それを頼もう!
「米花」では秋の
お楽しみが
ありましてー
ホラこれ
今つけてるの
あっ いくら?
ツブ大きい～
一時間くらい
つけておくの
この時は
食後だったので
次のお楽しみに…
ムフフフフフ
しばらくして来店
いくら丼って
あるかなー?
お あるよ
いくら丼ー
つやん　つやん
うおーーっ
これはうまっっ
絶妙なつかり具合が
サイコ～～～♡
オレにもくれ

ナベMEMO

築地を頻繁に訪れる築地プロガーさんたちの中に、この店にはまってしまう人が続出。一部で「沼」とも呼ばれるほどで、この店の魅力にはまると抜け出せない。接客を担当するジローさんのキャラクターがきわだつが、出される料理がおいしいからこそ常連客が多数ついている。

基本のウナギと焼鳥はもちろんうまい。焼鳥は驚きの大きさだ。海鮮丼や刺し盛りも、ぶ厚く切られたネタが迫力満点で楽しい。「築地に来たからには海鮮が食べたい」という人におススメだ。ネタは仕入れ次第で変わるため、何がのるかはわからないが、値段よりずっとお得な大きさな切り身とあふれる盛り付けは、とても魅力的。個人的には築地の海鮮丼で一番だと思っている。これらは初めて「米花」を訪問するなら、ぜひおススメしたい品々だ。

さらに魅力的なのが、その日の仕入れ状況で変わる焼き魚・煮魚などの料理。そしてその主役をかすませてしまうくらい小鉢の煮物などがおいしい。手作りの卯《う》の花やポテトサラダはそれだけをお腹いっぱい食べたいくらい。副菜がおいしいと、すごく得した気分になってしまう。ウナギ屋ではなく、定食屋だと思っている人も多いはず。

魚は工場で生産されているわけではないので、好漁不漁もあれば、数がそろわないこともある。その日に何があるのかは、お店に聞いてみよう。

常連になるとその日その時でいいものを「おまかせ」で出してもらえる。これは何が出てくるか楽しみなのだけど、あくまでも常連さん向けメニュー。初めて行って頼むのはご法度《はっと》。でもジローさんに顔を覚えられれば、注文可能。ぜひ通ってほしい店だ。

米花
【よねはな】
☎03-3541-5670

【場所】
8号館
【営業時間】
5：00～13：00
【定休日】
日・祝・休市日
【予算】
800～1500円

場内アジフライ食べ比べ

築地で食べるアジフライはうまい。街の定食屋のアジフライを想定しているとビックリする。

なので、寿司や海鮮丼もいいけれど、ここではアジフライを食べることを強く勧めたい。行列しなくてすむだけではなく、築地がほかとは違う場所だと実感してもらえると思う。

とくに「八千代」と「かとう」は二強。パワフルな「八千代」か、スマートな「かとう」か。みなさんならどちらに軍配をあげるか。

「豊ちゃん」「小田保」「たけだ」も必食。「禄明軒」「磯野家」も忘れてはならない。

夏が旬だけど
1年中食べられる
せっかく築地に来たのに
アジフライを食べずに
帰るの?
とにかく
食べてみよう

八千代【やちよ】

一押しの一品。開きタイプ。ラードとフットを揚げ油に使っているらしく、コクが深く甘くすら感じる。食べごたえ十分。

水分がいい具合に飛んでうまみが凝縮《ぎょうしゅく》されており、アジの味を濃く感じる。アジのおいしいところを強調していったら、一段高いところへ抜けたという感じ。初めて食べたときはビックリした。

自家製タルタルもとっても美味。フライ類の組み合わせは自在なので、ほかのフライを頼むときも、アジフライは追加したい。

お店のデータはP．64。

アジフライパンチ

かとう

三枚におろしてある。アジの大きさにより、2個と3個の時がある。2個の時はその大きさから、「あのー、頼んだのはアジのフライなんですけどぉ」とか言いそうになる。

肉厚でとってもふっくら。衣は場内では軽め。味もしっかりしていてうまい。釣り漁のアジを使用している。

もちろん青魚特有のクセはない。「八千代」がアジらしさの強調なら、こちらはクセを抜いて、一番おいしくなるようもっていきましたという感じ。魚のフライとしての旨さが強く残る。これにもビックリ。

煮魚・焼き魚の名店は、フライでも、熱を通した魚が一番うまくなるポイントを熟知しているということだろう。

アジフライってすげぇ

ナベ column

豊ちゃん【とよちゃん】

シッポのついている開きタイプ。衣は固め。高温の油を使い短時間で揚げて中は余熱で火を通しているのだろう。衣の中でアジが蒸されている感じ。水分が飛ばされていないので、ふわっとしている。食感のよさなら一番かも。

ふわ
ふわ

小田保【おだやす】

ここも三枚おろしの半身タイプで、ひときわでかい。ラードがやや重めだが、しっかり揚がっている割にやさしい味わい。食べごたえは十分。油に負けないアジのおいしさが出ている。自家製タルタル付き。ほかのフライとの組み合わせは自由自在。

やっぱり
アジフライは
タルタルでしょ

たけだ

三枚おろしの半身タイプ。衣は細かくやや重いが、「八千代」「小田保」よりは軽い。アジはふんわりしている。

ここのアジフライはしょう油も合うけど、しょう油ベースのバターソースも合う。穴子やアイナメなどのバター焼きにアジフライ半分をトッピングで注文して、バターソースで食べるのがいい。

おっバター
ソースで
食べる
アジフライ
もいける
しょう油でも
いける

禄明軒【ろくめいけん】

場内最安値。定食で700円。安くても、築地で食べるアジフライはほかよりうまい。日常のランチで食べるなら、この値段はうれしい。近隣のサラリーマンに人気の店で、平日のランチ時は行列が出来ることもしばしばだ。

場内らしからぬこじゃれた店構え。休みが多く、開店時間が遅いのがネック。

やわらかい
物腰
どうぞ

【場所】場内 1号館
【営業時間】9時〜14時
【定休日】日・祝・休市日
【予算】500〜800円

磯野家【いそのや】

シッポまでカリッと揚がっている開きタイプ。衣が薄い割には重めで食べごたえがある。

「磯野家」は、場内の食堂としてはとても広い。市場の食堂という雰囲気の中での食事は格別だ。メニューは和・洋・中がそろっているので迷ってしまうが、アジフライもぜひ食べてみてほしい。

ラーメンや
うどんと食べる
アジフライも
ここならあり

【場所】場内 10号館
【営業時間】7時〜16時
【定休日】日・祝・休市日
【予算】800〜1000円

KATO
かとう
築地で魚料理の美味しい店は多い
この「かとう」もおススメです
かとう
いらっしゃーーーい
この「かとう」味以外にも特徴がありまして…
イラッシャイ
……あ
2人？そこね
あ…ええと
前にも後にもメニューがいっぱいあるよ
黒ムツ煮つけ定食であと刺身
黒ムツ煮つけ定食ー
この…声…は
いやー似てるって話は聞いてたけどここまでとは
はいオツリー
うああ

顔見ないとまんまだよ〜
失礼だから笑っちゃダメ
もうそういう風にしか聞こえなくなってきた
そして声作ってないってのがスゴイな
しかもキャラが絶対言いそうもないセリフを…
うるいー
ビール2本ー
ぎゅむー
いかん笑いが笑いが
RRRRR
ハイ
やってます
たぶん「今日お店やってますか？」という問い合わせだったかと…
チン！
ひっひとことで電話切った！
さっさすがだある意味衝撃…
黒ムツ煮つけ定食
カマで出てくるとは思わなかったな
なかなかすごい面がまえ…
そこは気にしない
ここならではって定食だね味がしみててごはんにぴったりだよ！
ほじるの楽しい♡
この目がいいんだよこの目が!!

刺身だ
このうすピンクのはほうぼうかな？
ここ本当に魚料理が豊富だね
サワラ西京焼 1000-
ワラサ てり焼 塩焼 1000-
エボ鯛煮付 塩焼
桜ます てり焼 塩焼
迷うのがまた幸せなんだよ
おかみさんに言われるから長くは迷っていられないけど…
外人さんの2人連れが入ってきた
日本語わかるの
何にすんの
ア…エート…合ワセ…？
合わせって何
外人だからといって当然態度の変わるはずのない大女将
エエットーコミ？
？？
コミって何？
コミって何よ※
若おかみだたすけ舟
あーお刺身つけた定食よね
あるけど…3500円で高いわよ
高いヨ。
煮魚焼き魚何がいいの？
ニザカナ
キンキハアリマスカ？

ナベ MEMO

かとうの品書きは旬のさきがけ。「え、もう○○が出る時期か」と感嘆することが多い。

場内で一番、魚のメニューが豊富なので、築地で魚を食べようというのなら、おススメの店だ。

塩焼き、西京焼き、照り焼きなどの焼き魚も、注文が入ってから調理する煮魚もとてもうまい。火を入れた魚で築地の実力を実感できる。煮魚についている豆腐は、味が染みていて最高。もちろん、築地屈指のアジフライは必食。

春子鯛酢の物やアジ酢などは酢が強めにきいている。刺身も種類は豊富。土曜日は定食に＋600円で刺身盛りがつけられるのでお得。お酒を注文すると出る塩辛がうまい。

時期により、うな丼があったり、マツタケフライがあったりで、品書きは何があるのか要チェックだ。定食類は時計の周囲の短冊のみだけど、ほかの料理もご飯セットをつければ定食になる。

かとう

☎03-3547-6703

【場所】
8号館

【営業時間】
4：30～13：30

【定休日】
日・祝・休市日

【予算】
1000～2000円

江戸川
EDOGAWA
あー築地で何かおいしーもん食べたい…
味しみた魚とか…
おいしいもので いやされたい…
どわっし
某店
うわぁ あいかわらず行列がすごい店があるなぁ
しかし今日は起きたばっかでそこまで体力ないよ
なあんて時
ここに向かってみよう
「江戸川」
牛丼 江戸川 ラーメン
江戸川
お！ ここは混んでない ここにしよう！
しかしあなどってはいけない 混んでないのは観光客が集中していないというだけのこと
ここには職人さんや近くで働く人々を満足させるメニューが！
他の店で見ないものいっぱい！ イカ煮 深川丼 チャーハンにラーメン…

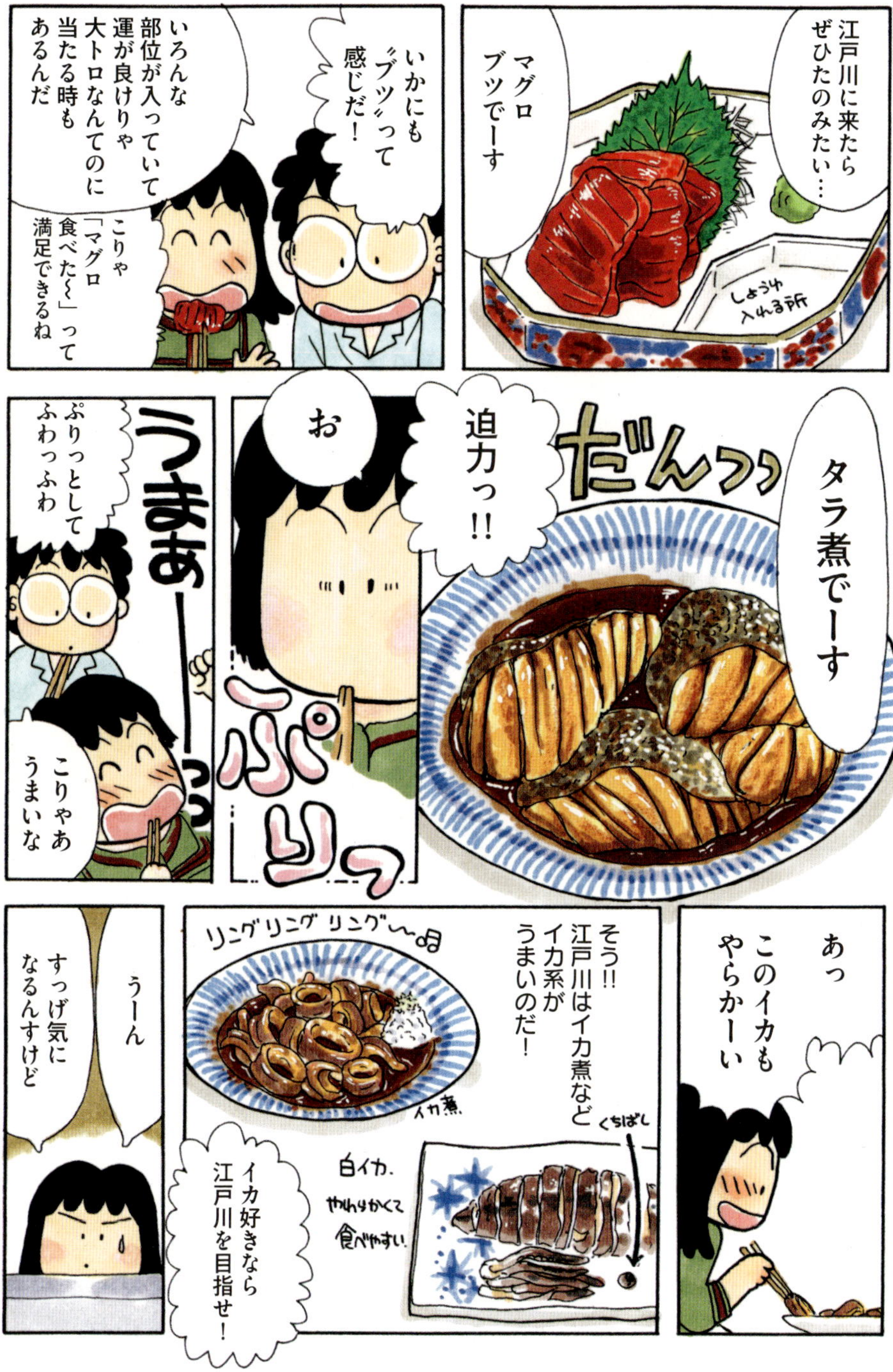
江戸川に来たらぜひたのみたい…
マグロブツでーす
しょうゆ入れる所
いかにも"ブツ"って感じだ!
いろんな部位が入っていて運が良けりゃ大トロなんてのに当たる時もあるんだ
こりゃ「マグロ食べた〜」って満足できるね
タラ煮でーす
だんっっ
迫力っ!!
お
ぷりっ
うまぁーーっっ
ぷりっとしてふわっふわ
こりゃあうまいな
あっ このイカもやらかーい
そう!! 江戸川はイカ煮などイカ系がうまいのだ!
リングリング リング〜♫
イカ煮
くちばし
白イカ。やわらかくて食べやすい。
イカ好きなら江戸川を目指せ!
うーん
すっげ気になるんすけど

ナスのしぎ焼
あのカウンターの上のおススメ…
あーあれはたしかに気になるよな〜
よしたのもう!
ナスのしぎ焼きでーす
カウンターの上のと形状が違って出てきたね
でもたっぷりしてておいしそう
あ
これは
しぎ焼きというよりいため煮風?味噌ダレがいい感じ!!
好きだなー
うんいける
おススメは時期によって変わるのでお店に行って確認しよう
深川丼
このタレを好みでかけて下さい
あさりがでかいっっ
炊き込みじゃなくて後からまぜてあるね
エッヘン
築地で深川丼食えるとはなー
さて実はラーメンに日頃なじみがない我々は最初の頃たのんだことのないメニューが
うーん実は江戸川のラーメン気になってるんだよねー
じゃあ次回チャレンジしますか
ラーメンがキライってわけではなく、他に好きなものいっぱいあるので手がまわらないのです。

ナベ MEMO

あれも食べたい、これも食べたいと注文するとあっという間にお会計がふくらむ。それほど魅力的なメニューが並ぶ。定食はなく、料理にご飯（大と小がある）、味噌汁、お新香などを別途注文する一品料理屋だ（もちろん、ご飯ではなく酒でもいい）。

マンガで紹介した品のほかにも、肉豆腐、チャーハン、牛丼、カレイ西京焼き、アジの干物など、食べたいものだらけで迷うこと必至。季節によりいわし煮やあさり酒蒸し、冷やし中華なども並ぶ。とりわけ、夏限定のいわし煮はやわらかくて骨まで食べられる。一緒に煮た梅干しが味をふくらませる。

日替わり惣菜は煮物や胡麻和えなどで、こちらもしみじみとうまい。

冷やしラーメンは山形のそれと違い、若干脂が浮いているけれど、それがまたコクが深くておいしい。

何気に味噌汁がうまい。これって重要だ。

江戸川

【えどがわ】

☎03-3541-2167

【場所】
6号館
【営業時間】
5：00〜13：00
【定休日】
日・祝・休市日
【予算】
700〜2000円

牛丼といえば築地です

かの築地王は「築地は牛丼の激戦区」と言ったが、まさにそのとおりだと実感している。コレだけ牛丼の名店が集まっている地域はほかにないだろう。

大森【おおもり】

僕の脳内牛丼トーナメント優勝店。築地で一番ではなく、東京で一番。カレーの合いがけで有名だが、行くと牛丼を食べてしまう。合いがけだとカレーが邪魔だと感じてしまうくらい牛丼がうまい。

甘辛い牛肉はもちろんうまいが、その味の染みこんだ豆腐がとってもうまい。一見、焼き豆腐には見えないが、ちゃんと焼いて水分を抜いてあり、味は染みこんでいる。

ほかの店では牛丼に豆腐は標準仕様で入っていないので、肉豆腐とご飯を注文して自分でかけるか、豆腐のみを追加注文する必要がある。最初から入っている「大森」はポイントが高い。

この店での定番は、「牛丼並、豆腐増やして肉そのまま」。通常2個入る豆腐が倍になってわずか50円増し。これはうれしい。豆腐を増やして、その分肉を少し減らして値段そのままというのもある。常連さんが肉抜き豆腐のみというのを注文しているのを見たことがある。二日酔いの時にいいらしい。二日酔いなら牛丼以外のものを食べればいいのにと思うが、ここの牛丼を食べないと一日が始まらないのだろう。

「大森」で卵を頼むと、黄身だけか全部かたずねられる。僕はもったいないのでいつも全部。牛丼好きはもちろんそれ以外の人にも一度は味わってほしい一杯だ。

親父さんも女将さんも丁寧によそってくれる
味の染みた豆腐が美味

【場所】場外 もんぜき通り
【営業時間】5時30分～14時
【定休日】日・祝・休市日
【予算】550～900円

江戸川【えどがわ】

牛丼メインの店ではないので見落としがちだが、この何でもうまい店は牛丼もやはりうまい。やや甘めの牛丼。江戸川はラーメンなども甘めの仕上がりで、甘味の使い方がとてもうまい。嫌味な甘さじゃなくホッとする味。

すべての料理がおいしく感じられるのはそれゆえかも。

ご飯＋肉豆腐＝860円
牛丼＋豆腐のみ＝860円
卵が70円と高めなのが玉にキズ。

イカもマグロもラーメンもチャーハンも深川丼も
みんないいけど牛丼がまたいい
うーん

きつねや

ホルモン丼がうまいので、ついそちらを食べてしまうが、牛丼ももちろんうまい。味の染みこんだ焼き豆腐が抜群にうまいのに、牛丼にそれがのっていないのは残念だ。肉豆腐とご飯を頼んで自分で丼にするのがおススメ。

ご飯＋肉豆腐＝８２０円

牛丼＋焼き豆腐＝８８０円

「きつねや」の焼き豆腐は「大森」の豆腐より焼きが強い。

ホルモン丼は八丁味噌ベースでコクがあり、大変うまいのだが、ご飯がべちょっとしてしまう。そこで一押しは、「ホルモン丼＋ご飯＋焼き豆腐」の組み合わせ。味噌の染みたご飯と、白いご飯の両方を楽しめる。ただし、この注文方法はご飯を2杯分食べることになるので満腹になってしまうという欠点もある。

牛丼と
ホルモン丼
選べないなら
両方食べよう

【場所】 場外　もんぜき通り
【営業時間】 7時～13時30分
【定休日】 日・祝・休市日
【予算】 ６００～１３００円

吉野家【よしのや】

牛丼チェーンの筆頭。吉野家は魚河岸生まれの店だ。一号店はこの築地にあり、１１０年の歴史を誇る老舗である。吉野家の客席がコの字カウンターなのも、魚河岸横丁のこの店がコの字カウンターだったからであり、それがスピーディーな牛丼の提供に合っているからこそ。

符丁《ふちょう》の多さも有名で、一般的なつゆだく、つゆだくだく、つゆぬき、ねぎだく、ねぎぬきなどのほかにも、つゆちょいだく、つゆちょいぬき、つゆ完全ぬき、かるいの、極かる、極々かる、あたま大盛り、あたま特盛り、おんしろ、つめしろ、ねぎだくだく、ねぎちょいだく、ねぎちょいぬき、ねぎだけ、やわねぎ、かたねぎ、トロだく、トロぬきといろいろあるらしい。吉野家は豆腐をやめてその分牛肉を増やす道をとり、全国に進出していった。メニューに豆腐がないのはちょっとさびしい。

米国の狂牛病騒ぎで吉野家が牛丼を休止しているときも、築地にあるこの一号店は牛丼を出していたので何度か利用させてもらった。

吉野家でさえ築地場内にあっては営業時間が午後1時までなので注意。

【場所】 場内　1号館
【営業時間】 5時～13時
【定休日】 日・祝・休市日
【予算】 ４００～７００円

よくぞ
牛丼を
全国へ
広めてくれた

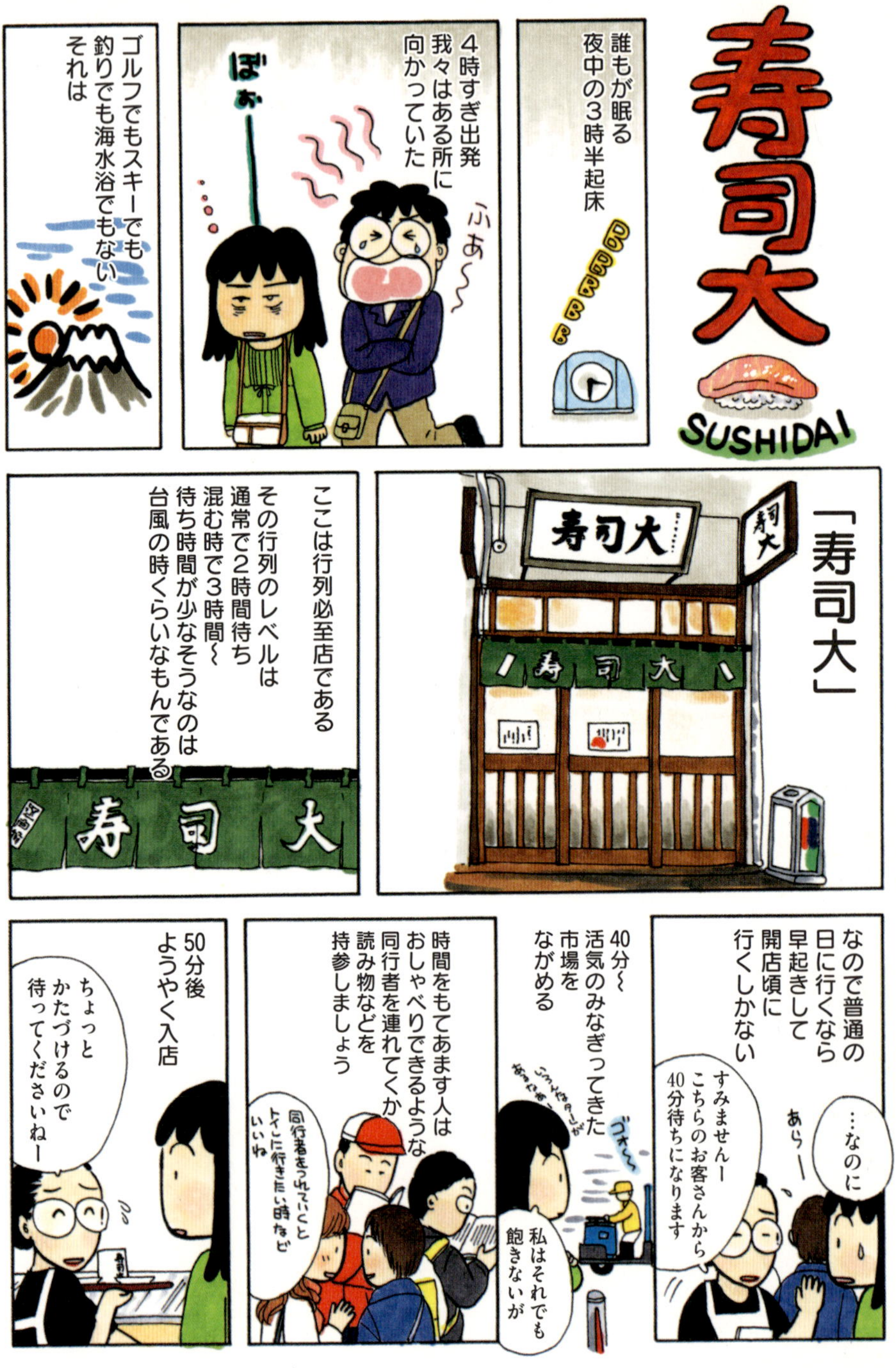

寿司大
SUSHIDAI
誰もが眠る 夜中の3時半起床
4時すぎ出発 我々はある所に 向かっていた
ふあ〜〜
ぼぉ——
ゴルフでもスキーでも 釣りでも海水浴でもない それは
「寿司大」
寿司大
寿司大
寿司大
ここは行列必至店である その行列のレベルは 通常で2時間待ち 混む時で3時間〜 待ち時間が少なそうなのは 台風の時くらいなもんである
寿司大
なので普通の 日に行くなら 早起きして 開店頃に 行くしかない
…なのに
あら〜
すみませんー こちらのお客さんから 40分待ちになります
40分〜 活気のみなぎってきた 市場を ながめる
いろんなターレが あるなぁ〜
ゴォ〜
私はそれでも 飽きないが
時間をもてあます人は おしゃべりできるような 同行者を連れてくか 読み物などを 持参しましょう
同行者をつれていくと トイレに行きたい時など いいね
50分後 ようやく入店
ちょっと かたづけるので 待っててくださいねー

すみませんね大変お待たせしました
「大」の職人さんはとってもあたりがいい
注文はすでに行列している時にしています
おまかせの最初
中トロです
日頃トロというものに多大な期待をいだかない2人ですが
←なぜなら すでにもてはやされているから(へそまがり)
ホロッ
わうっ
うおーーすっごいとろけるうう
ぱっとひろがる脂の甘み
やっぱ「大」はさすがだなーっ
トロのよさ再確認
うわあああっ
おとなりに座ってた人もこれにノックアウト
金目の昆布じめです
ふわり
ふ・わ・あ・あ……
ほほっ
ひょーーん
おお〜〜〜
訳：これは言葉にならないくらいおいしいです。

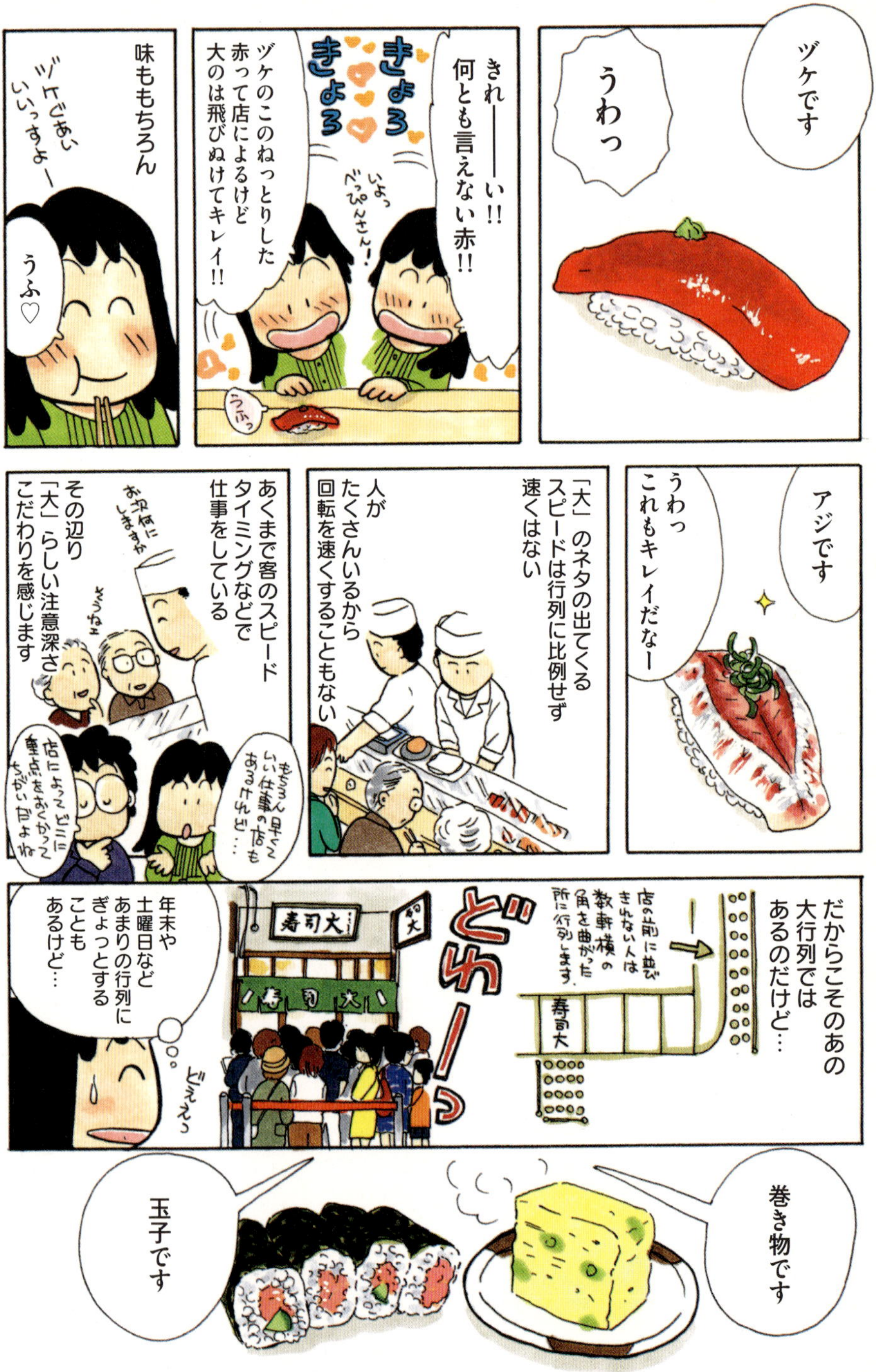

ヅケです
うわっ
きれーーーい!!
何とも言えない赤!!
きょろきょろ
いよっ べっぴんさん!
ヅケのこのねっとりした赤って店によるけど大のは飛びぬけてキレイ!!
うふっ
味ももちろん
ヅケでおい
いいっすよー
うふ♡
アジです
うわっ これもキレイだなー
「大」のネタの出てくるスピードは行列に比例せず速くはない
人がたくさんいるから回転を速くすることもない
あくまで客のスピードタイミングなどで仕事をしている
お次何にしますか
そうねェ
その辺り「大」らしい注意深さこだわりを感じます
もちろん早くていい仕事の店もあるけれど…
店によってどこに重点をおくかってちがいだよね
だからこそのあの大行列ではあるのだけど…
店の前に並びきれない人は数軒横の角を曲がった所に行列します。
寿司大
どれーっ
寿司大
寿司大
年末や土曜日などあまりの行列にぎょっとすることもあるけど…
どえぇっ
巻き物です
玉子です

ここで初めてしょう油登場
ここのお寿司はほとんど味がついているのです。
巻き物うまーい
玉子は焼き立て！
あったかくてホわっホわ
最後にもう一カンサービスで好きなものをたのめます
じゃ太刀魚
アジをもう一度！
うーんアジおいしー
太刀魚もうまいよっ
脂ののりサイコー
むふー
ごちそーさまでしたー
本当におまたせしてすみませんでした！
ごちそうさまでした
満足♡
あの職人さん行く度に謝ってる気がする
一日中ああやって謝っているのかなー
だよね大変だなー
魚がし横丁の行列の代名詞のようになった「大」ですが並んで食べるだけの価値はあります！
穴子はほろほろくずれそうな程ふわふわ系です。

ナベMEMO

築地で一番の人気店。当然多くの人が並んでいるが、並ぶ価値がある。

築地では寿司もさっと食べてさっと帰るのが流儀。しかし寿司大は席に座るとくつろいでしまう。食べるペースにあわせて寿司を出してくれるし、お任せにぎりもちゃんと旬のものを出してくれる。ネタは仕事されているので、巻物以外はしょう油をつけなくてもいい。

今まで、この常時行列店に並ばずに入れたことが2度ある。いずれも台風直撃中の平日の朝7時くらい。そんな時なので、魚の仕入れ的にはどうかなと思いつつも、チャンスなので入店した。かといって同じ条件でも2時間級の行列が出来ていることもある。みんな同じことを考えているのだろう。ゴールデンウィーク前の平日朝とかにもぽっかり行列のないときもあるようだ。

どうしても築地でおいしい寿司が食べたいなら覚悟を決めて並ぼう。

寿司大
【すしだい】
☎ 03-3547-6797

【場所】
6号館
【営業時間】
5：00～14：00
【定休日】
日・祝・休市日
【予算】
2500～3900円

天房
TEN FUSA
わたしの好きな天丼は かりっと衣
かりりっ
タレ〜は 甘めの方がいい〜
東京には 天プラの 名店数あれど
お送りしましょう おざわゆきの「美味《うま》歌《うた》」
築地にも他にひけをとらない 実力派がいるんです
和食 天ぷら 天房
場内唯一の天丼メインの「天房」
上天丼
海老・芝海老・メゴチ・筍・
稚アユ・キス・ ヤングコーン・
穴子・アスパラ
浅めの椀に盛られてるけど ボリューム十分です
かりっ
お
わ この味付け タレ!!
すっごい わたし 好み!!
かりっ さっく さくっ
これいいいっ

穴子丼

穴子でっかーーい
はむっ
はぐっ
ふわっ
穴子がまた やわらかい!!
他ではあまりない 芝エビと穴子の 天丼
上天丼にも 入っていた 芝海老が 主役に。
この芝エビが いーんだよー 香ばしくて!
単品の天プラもあります 絶品なのがギンポ
「銀宝」と書く とてもめずらしい。 かなりの 高級魚。
うわー プリッと 歯ごたえ
うまいっ うまいっ
春が旬なので
わたし これ 食ってない くやしーっ

天プラはもちろんうまいのだが、マグロもうまい。マグロ定食にも天プラが付いてくるので大満足だ。定番物のほかに時期のものがあればぜひ追加で頼もう。ギンポのほかにも稚鮎《ちあゆ》やハゼ、白子なんてものがあることも。ついついご飯を追加してしまう。

ナベMEMO

「天房」 何度通っても 飽きません
うまい天丼を 食べたい人におススメ!
天丼なのに ごはんのおかわりが 出来るのだ!! タレもかけてくれるよ!!

天房【てんふさ】
☎03-3547-6766

【場所】	6号館
【営業時間】	6:30~14:00
【定休日】	日・祝・休市日
【予算】	1000~1500円

茂助だんご
MOSUKE DANGO
魚がし横丁を歩いて場外へ向かっていると（逆ルートでも）
目に入るのが「茂助だんご」
まず どどど と店先につまれたコンテナが目に飛びこみ
どどど
かならず ついのぞきこんでしまう
足は前に進んでいるのに目は止まっている（かなり無意識）
並べられた和菓子の数々
あーおいしそうだねぇ
おなかいっぱいなのにねェ…
相方はここのしょう油ダンゴが大好きで
えー 困ったな― 食べすぎだよ―
買う?
しょう油にする?
でもやっぱりあんこも好きだから食べたいなー
あーはいはいやっぱりこれ ね
えー
しょーがないな〜

で 毎回買うのがこれ
しょうゆ3本と
こし2本つぶ1本
or
こし1本つぶ2本
店頭にあるセットでは
この組み合わせが一番多い。
こし・つぶあん
多めのバージョンも
あります。
もちろんバラ売りも。
この茂助だんごは
あの「だんご3兄弟」の
モデルになったお店なのです。
チャーラ

このモチと
しょう油のマッチングが
すごーく好き!!
変だなー
腹十二分目のはずなのに
すでに2本目
なんですけど
しょうゆは2本、君にあげよう
ありがとう
思うんだけどさあ

だんご屋で築地の
あの位置にあるのって
ズルイ☆
通る確率高し。
3号館
2号館
1号館
ココ!!
場外へ
たしかにあの
ビジュアルに
うったえられるよね
ちょうど
食後だしね…
甘味別腹
刺激ポイント直撃

場外に新店舗を出すなど、勢力拡大中。どうしても団子に目が行ってしまうけど、季節ごとの和菓子もそろっているし、おにぎりなどの軽食もある。店内でいただく玉子雑煮はやさしい味だ。一番人気の茂助だんごは売り切れてしまうことも多い。

ナベ MEMO

茂助だんご［もすけだんご］
☎03-3541-8730

【場所】	1号館
【営業時間】	5：00～12：00
【定休日】	日・祝・休市日
【予算】	150～1000円

炒飯《チャーハン》バンザイ

チャーハン好きとしては、築地場内・場外のチャーハンは気になるところ。築地ではピラフとあっても、実際はピラフというより洋風チャーハンである店が多いため、ピラフ表記のメニューも一緒に記してみた。

やっぱり
チャーハンは
ご飯の
おかずに
最高！

江戸川【えどがわ】

●チャーハン

具材はチャーシュー、長ネギ、玉子とシンプル。油が多めでガツンとくる。ほかのメニューと一緒に頼むとわかりづらいが、チャーハンもこの店らしく少し甘い。チャーシューは味が濃いのでいいアクセントになっている。

　ところどころ、ご飯の白い部分が残っており味回しにあらい部分もあるが、香ばしく炒めてありおいしい。味がしっかりしているので、ご飯も注文してチャーハンライスで食べるといい。ご飯のおかずになるチャーハン。ついてくる味噌汁がうまいのも大きなポイントだ。

パワフル
所々白い

多け乃【たけの】

●チャーハン

具材は豚コマ、玉子、長ネギ、玉ネギ。珍しい長ネギ・玉ネギのダブル使いはどちらもタップリ入っている。玉ネギは細長くカットされており、香ばしく炒められている。

　個人的には築地で一番好きかも。ぜひ、チャーハンライスをおススメする。お店のデータはP.100。

ネギと玉ネギの
ダブル使い

やじ満【やじま】

●チャーハン

この店のチャーハンの味付けは塩系だ。油少なめ、炒め具合と塩加減がいい。具は長ネギ、細かいチャーシュー、玉子ぐらいでシンプル。量がけっこうある。

●カレー味チャーハン

具は豚肉、エビ、イカ、玉子、ニンジン、玉ネギとにぎやか。品が運ばれてきて、さて使われているのは玉ネギか長ネギかと思い見てみると、どちらも見当たらない。懸命の捜索の結果、玉ネギのみじん切り3カケを発見。いくらなんでも少ない。玉ネギが少ないため、食感はややもっさりだ。

●ポークライス

ケチャップ味。チキンライスの鶏を豚にかえたもの。こちらも玉ネギは少ない。ノスタルジックな味わい。

【場所】場内　8号館
【営業時間】5時30分〜13時
【定休日】日・祝・休市日
【予算】700〜1200円

おお
3つめの
玉ネギ発見!!

東都グリル【とうとぐりる】

●チャーハン

具はチャーシュー、玉子、長ネギとシンプル。キャベツの千切りが添えられているのは珍しい。築地ではカ

ナベ column

レーにキャベツは当たり前だし、チャーハンにキャベツもありだ。ご飯部分の味は薄めだが、チャーシューに味がしっかりついている。

メニューが豊富で、築地では貴重な餃子のほかにピラフもある。築地でトルコライスの3要素、ピラフ・スパゲティ・カツがそろうのはここだけだ。

【場所】 場外　海幸橋通り
【営業時間】 6時30分〜20時
【定休日】 日・祝・休市日
【予算】 600〜1000円

磯野家【いそのや】

●チャーハン

オーソドックスなラーメン屋のチャーハンではあるが、むしろ築地では貴重。餃子も場内ではここだけだ。具材は玉子、細かいチャーシュー、ナルト、長ネギ。ナルトが入ったチャーハンはここだけ。味付けは塩系。

「磯野家」には他にエビチャーハン、エビピラフ等もある。見た目は似ているけど、味は別もの。エビチャーハンの具はエビ、玉子、長ネギ、グリーンピース。エビに下味がついてない分、全体的にぼんやりした印象。エビピラフの具はエビ、玉ネギ、マッシュルーム、グリーンピース、ニンジン。ニンジンと玉ネギは大きくカットされており、バターが強い。

「磯野家」は
和・洋・中で
別々の調理人さん
がいるので
エビチャーハンと
エビピラフの味が
ちがって
当たり前でした

禄明軒【ろくめいけん】

●チャーハン

具材は豚コマ、玉ネギ、玉子。しょう油味が強くご飯が進む。もとのご飯が柔らかめに炊けているためか、しっとりしている。パラリとはしていないが、それが気にならなければとてもいい。

●カレーチャーハン

具はチャーハンと一緒。色は薄く感じるが食べてみると塩気が強めでカレー粉の味もしっかりする。朝始まるのが遅いのと、土曜日に休むことが多いのが残念。

円すい形の
盛りつけ
色はうすいが
味はしっかり濃い

幸軒【さいわいけん】

●チャーハン

わかりづらい場所にあるが、テリー伊藤があちこちで紹介しているため認知度は高い。具はチャーシュー、長ネギ、玉子で、玉子が多い。ご飯の食感が独特で、柔らかいがべたつきはない。お新香（たっぷり）とスープもつく。築地では珍しい餃子のある店。

【場所】 場外　築地中通りから入った路地
【営業時間】 4時30分〜13時
【定休日】 日・祝・休市日
【予算】 650〜1000円

らーめん
ここも
わかりづらい場所
店と店の
間の
黄色い看板を
目指そう

たけだ

●やきめし

バターの香りが高い。チャーハンではないし、ピラフでもない。洋食屋のやきめしだ。

具は玉子と玉ネギ、それに肉片がいくつか入っており、とてもシンプル。食感はもっちり。

バタ

炒飯《チャーハン》バンザイ

フォーシーズン

●**ツナピラフほか**

築地では洋風なチャーハンはピラフという名で出している店が多い。具材はニンジン、玉ネギ、ピーマン、ツナ。ニンジンがたくさん入っていて甘みを出している。十分に炒めが入っており、パラパラというよりバラバラといった珍しい食感。この食感にはなかなか出会えない。味はシンプルにしょう油ダレ系。香ばしさがおいしい。ほかにハムピラフ、タラコピラフ、イカピラフ、エビピラフなど多種ある。お店のデータはP．87。

小松【こまつ】

●**ピラフほか**

ピラフという名だけど、もちろんここも洋風チャーハン。具材は玉ネギ、ピーマン、玉子、ハム。ご飯の炒め具合がいい。ふっくら感がありながらベタつきはない。油がそこそこで、食べた感がある。味噌汁もついて５００円はお得。

●**ドライカレー**

具はピラフと一緒。カレーの香りが強い。ピラフよりもっちりとした感じ。見た目より食べごたえがある。お店のデータはP．106

マックモア

●**ピラフ**

具はハム、玉ネギ、ピーマン、ミックスベジタブル。バターの香り高い洋風な味付け。炒めてはあるもののピラフっぽい味。サラダがワンプレートで一緒盛り。ご飯のおかずとして食べたいピラフだ。

●**ドライカレー**

具は豚肉、玉ネギ、ピーマン、ミックスベジタブル。カレーの味がしっかりしている。コクもあり満足度は高い。カレー味の炒め飯の中ではかなりお気に入り。毎日でも食べたい。こちらもサラダが一緒盛り。

【場所】 場外　築地西通り
【営業時間】 9時～23時（ランチは16時まで）
【定休日】 日・祝・休市日
【予算】 ７００～１０００円

岩田【いわた】

●**ピラフ**

具はハム、玉ネギ、ミックスベジタブル。玉ネギはみじん切りではなく細長く切ってあるのが珍しい。皿の半分近くをキャベツの千切りが占めているのに、スプーンだけで箸はない。軽食らしい量。黒コショウのきいた味。

【場所】 場内　8号館
【営業時間】 3時30分～12時
【定休日】 日・祝・休市日
【予算】 ４００～７００円

ふぢの

●**チャーハン**

チャーハンは驚くほどもっちり。パラパラ感はまったくない。油少なめ。具は少なく、シンプル。紅ショウガで変化をつけるといい。半チャーハンとして麺類につけるのに適した感じ。

【場所】 場内　1号館
【営業時間】 5時～13時15分
【定休日】 日・祝・休市日
【予算】 ６００～９００円

おにぎり大好き

秋山商店《あきやましょうてん》

【場所】場外　共栄会ビル1F

もし築地であと1回しか食事できないとしたら、この銀シャリむすびを食べたい。米の甘さを引き出す絶妙な塩かげん。粘りがありながら、ほどよい歯ごたえのある、やや固めの炊きかげん。にぎり具合もほどよい。

おすすめ
築地おにぎりNo.1

大野屋米店《おおのやこめてん》

【場所】築地2丁目

さすが米屋がやっているおにぎり屋。ご飯がおいしい。

定番ものからしそチーズやオムライスなどなど、いろいろある。

断面図
具が3ヶ所に入っている

丸豊《まるとよ》

【場所】場外　波除通り

種類の豊富さは築地一。

「たぬき」

「ばくだん」

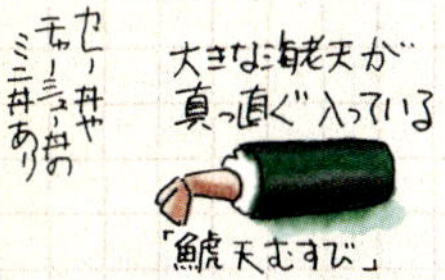
セー丼やチャーシュー丼のミニ丼あり
大きな海老天が真っ直ぐ入っている
「鯱天むすび」

まる天《てん》

【場所】場内　5号館

大きなおにぎりと小さな天むすの店。天むすにはまぐろ天やまぐろ皮天などの築地らしいものもあり。

お茶づけにできますとあるが、かけるのは白湯。

こはく

【場所】築地7丁目

日替わりなどいくつかを除けば、注文してからにぎってくれる。

種類も多く、惣菜も豊富。玄米のおにぎりはややややわらかい。店内でも食べられる。

つきじ人《ひと》

【場所】場外　小田三南通り

しょう油をまぶしたご飯をにぎり、さらに表面にしょう油を塗っている。

味が染みていて香ばしくておいしい。

「焼おにぎり」
小ぶり

築地天むす《つきじてんむす》

【場所】築地3丁目

天むす専門。十数種類が並ぶ。

小ぶりなので、築地で連食した後でもいける。

蘆花亭《ろかてい》

【場所】築地浜離宮ビル2F

おにぎりは白米・黒米・赤米から選べる。中の具も選べる。日替わりおかずは揚げ物が中心。

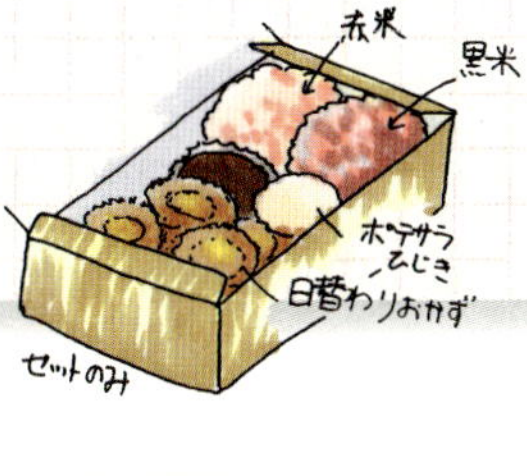
赤米
黒米
ポテサラ
ひじき
日替わりおかず
セットのみ

魚《うお》がし北田《きただ》

【場所】場外　築地東通り

にぎり寿司の形をした「いたむす」。

西京焼きなどがのっている。

「茂助だんご（福茂）」や「築地気まぐれ屋」でもおにぎりが食べられる。

岩佐寿し
IWASA ZUSHI
春になると思いをはせる…
ホーホケキョ
ウム
そろそろ　だな
岩佐の「アレ」
ふふふふ
そろそろですねェ
むふふふ…
やっぱ今の時期一度は行っとかないと
そう
春は「アレ」が旬を迎える
場内にある「岩佐寿し」
岩佐寿
いらっしゃい
我々のお目当てはもちろん
貝づくし2つ!!
はい
つぶ貝
赤貝
とり貝
たいら貝
アワビ
ホッキ貝
小柱
貝ヒモときゅうりの巻物

「岩佐」は貝ネタを得意とする店
通年扱ってますがやはり一番おいしいのは春
いただきまあーす
手で食べる人
ハシ使う人
おほっホッキやわらかーい!!
こりゃこたえられん
貝ってこんなにおいしいんだって再認識するわー
この小柱抜群だなー
巻き物もヒモキュウなのがうれしいね!
どのネタも貝のうまみを最高にひき出しているよ
たいら貝ってあまり食べた事ないけど白くっておいしーー
こんなに一辺にいろんな貝を食べられることってないよね!
アワビもコリコリでもかたすぎない
たいら貝ってこんなの
これサービスですー
貝づくしの中にイカが…
ホタルイカ大好き!!
貝汁もいい味だよ

場内にある「弁富《べんとみ》」や「丼匠《どんたく》」も同系列。市場の寿司屋らしく、手早く寿司が並べられる。粋にサッと食べて出るのがいい。

にぎりがゆるく、ワサビが強くきいている。貝にはもちろん定評があるが、ウニ丼もレベルが高いと評判だ。

ナベMEMO

貝好きのあの人や
あの人やこの人…とにかくみんなに教えたくなる!!
貝好きでない人もそのおいしさに目覚めます!!

岩佐寿し【いわさずし】
☎03-3544-1755

【場所】	1号館
【営業時間】	5:30～14:30／土は～15:00
【定休日】	日・祝・休市日
【予算】	2000～3500円

洋食
豊ちゃん
TOYOCYAN
日本人の頭の中には「カツ丼食べたい」中枢があるのではないでしょうか
金
遊
学
カツ丼
ある日突然 ここを刺激され
ピッ
いいから カツ丼 食え
うまーい オレが やりました 刑事さん
カツ丼 食べたい!!
モード 全開《フルスロットル》!!
カツ丼
ピーーーッ
親子丼でも 天丼でもなく カツ丼!!
あの肉!! コロモ!! ごはんにしみた タレ!! 玉子 タマネギ!!
サクッ
カリッ
トロッ
とにかくカツ丼じゃなきゃダメ
カツ丼のすき間は カツ丼にしか 埋められないのだ
ジャクッ
はふ
はふ
手近でカツ丼を たのんでみたものの…
ぴょろーん
なんか 肉がちっちゃい… ちょっと イメージと ちがうけど こんなもんか~
なんて 経験 ない ですか?
そんな時 あなたの期待にバッチリこたえる それが
洋食「豊ちゃん」
豊ちゃん
オムハヤシの豊ちゃん
ないアタマカツ丼・カツカレー
洋食

カッ
カツ丼ください
小盛りにしとく？それとも普通にしとく？
↑女性だとこう聞いてくれる
はい丼ー
おっ…来る来る…
あれ私の!!ってなぜかすぐわかる
どどん!
はいカツ丼ー
かっつどーーん
来たーーっ!!
シューッ
いただきまあーす
あの表面をうめつくすカツを一切れ持ち上げる時の期待感といったら!

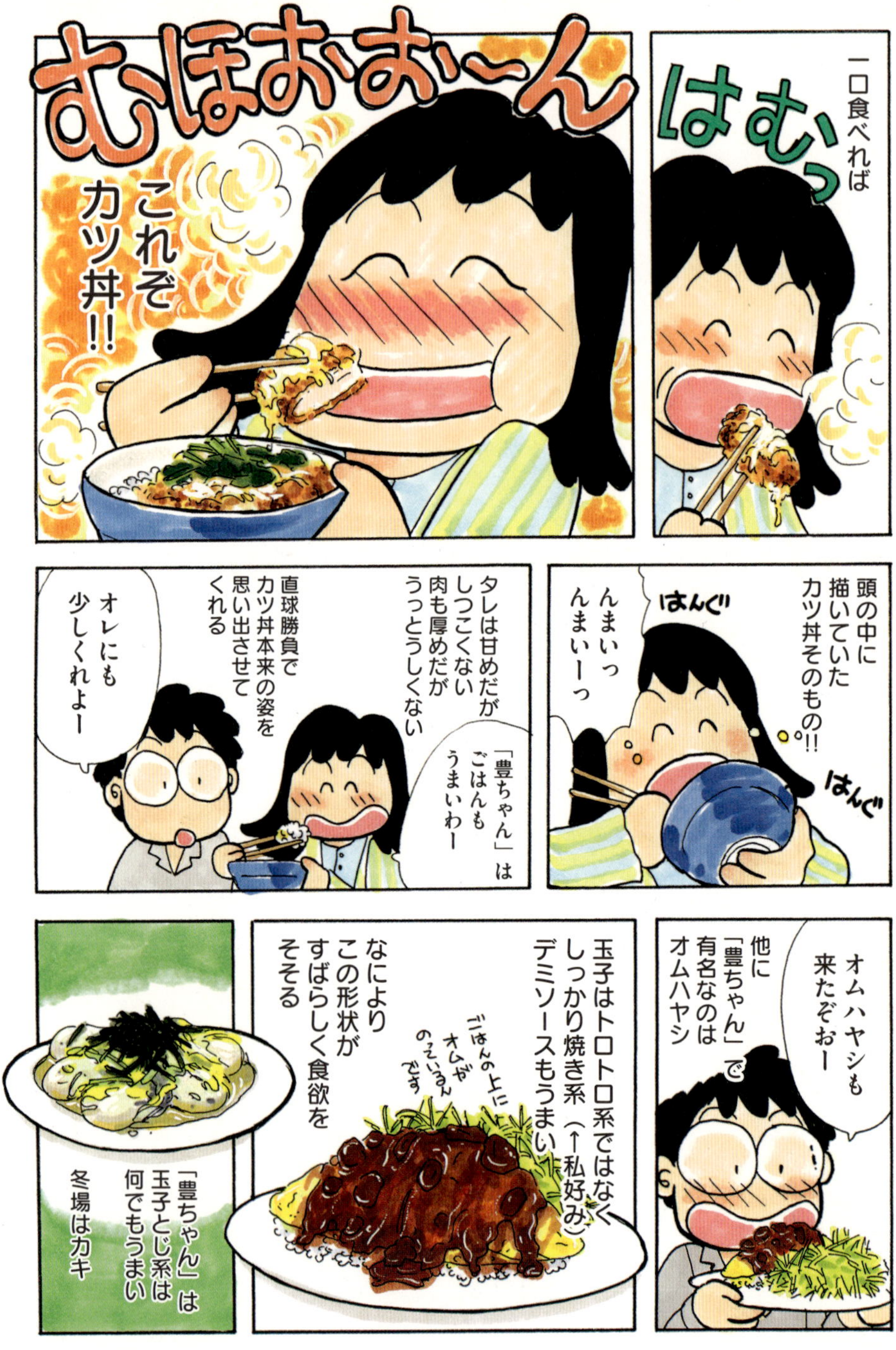

一口食べれば
はむっ
むほおお〜ん
これぞカツ丼!!
頭の中に描いていたカツ丼そのもの!!
んまいっんまいーっ
はんぐ
はんぐ
タレは甘めだがしつこくない肉も厚めだがうっとうしくない
「豊ちゃん」はごはんもうまいわー
直球勝負でカツ丼本来の姿を思い出させてくれる
オレにも少しくれよー
オムハヤシも来たぞおー
他に「豊ちゃん」で有名なのはオムハヤシ
玉子はトロトロ系ではなくしっかり焼き系（↑私好み）デミソースもうまい
ごはんの上にオムがのっているんです
なによりこの形状がすばらしく食欲をそそる
「豊ちゃん」は玉子とじ系は何でもうまい
冬場はカキ

穴子やホタテのフライ
夏限定のドライカレーもおいしい
上にのっているのはきざんだゆでタマゴ
店内は2つのお店をぶち抜いた構造になっていて
厨房
出入り口は2つ
中はカウンターのみ
どっちから入っても中は同じですー
表ののぼりには「ないアタマ」とある
オムハヤシの豊
ないアタマカツ丼
「アタマ」とはカツ丼の具だけのこと
「ない」というのは脂身が少ないということ
（多いは「ある」）
「アタマ」だけ酒のサカナで注文する人がいるのだ
もちろんごはんのおかずとしてもOK
ああー
カツ丼食ったどー!!
やっぱ豊ちゃんいいなーっ
と大満足できることうけあい!!

ナベMEMO

メニューが豊富。この本でもアジフライ・カレー・カキのページで紹介している。

厨房では、役割分担をして見事な連携で料理が作られ、運ばれる。店内にスタッフ数が多いながらも、動きがとてもスムーズで気持ちがいい。市場らしい小気味よさだ。

ただでさえメニューが多いのに、＋190円でカレーをかけてくれるし、＋230円でハヤシをかけてくれる。フライ系のメニューは＋160円であたま煮にしてもらえる。これはうれしい。ご飯に染みたタレが好きな人はぜひノッケで注文しよう。

豊ちゃんで気になるメニューといえば、ハムエッグライスとハムサラダライス。両方ともそのまんま。前者はハム4枚と目玉焼き2個。後者はハム4枚とポテトサラダ。追加トッピングは必至のメニュー。

毎月5日には50円キャッシュバック。雨の日には味噌汁サービスがある。

豊ちゃん

【とよちゃん】

☎03-3541-9062

【場所】
1号館
【営業時間】
6：00～14：00
【定休日】
日・祝・休市日
【予算】
800～1500円

あんこう屋
高はし
TAKA HASHI
わたしの中での「キング・オブ・築地」というお店があります
何が何でも誰がどーでも
これぞ築地の真骨頂!!
だーーーん
はい キンキの煮付けでーす
来たっ!!
見よ!!この神々しいほど煮姿の美しい魚を!!
このサラリとした煮汁を!!

この芸術品のような煮魚を味わえるお店といったら
しばし目に焼きつける
あんこう屋「高はし」
高はし
高はし
高はし
「あんこう」と名はついていますがいろんな魚を扱っています
時期によって魚の入荷もちがってきます
「高はし」に着いたらまず表のはり紙をチェックしよう！
このはり紙は若だんなが毎日手書きしているのです!!
きらーん
当店名物
あなご丼
単品 3500円
入荷の品が前日決まるため前日の午後に書いているそうです
今日は釣りキンキがあるんだー迷うなあ〜
行列してる時も多いですが時間帯によってはすんなり入れます
いらっしゃいませー
注文はお茶が出てからしましょう
お決まりでしたらどうぞ
とかいいつつまだ迷うわたし
塩焼きも気になる…
あーたまにはマグロもいいなー

でもやっぱり
キンキ煮付け。
定食で
きんき大好き
今から煮付け
ますので10分ほど
お時間いただきます
最初に
野菜と切り干しの
煮物登場
この待ってる10分がいい
これがまた
味しみてうまいんだ
不思議と長いと
感じた事ってないんだよねー
はいお待たせ
しましたー
キンキの
煮付けでーす
ひゃはー♥
来たっ
来たっ
いらっしゃーい
ごはんは女性の場合
お茶碗で出してくれます。
もちろん
おかわり
OK.
ほろり.
ほむっ
うまーーー
ぱお〜〜ん

どーして
こんなに形が
きれいなの
どーしてこんなに
味が染みてるの
なんて美しい
魚と煮汁の共演！
どーして
どーして
上にのってるのは
肝なのだー
でっかいでーーす
とろおり
キンキの肝って
うますぎ〜
ああ
この世の天国〜
とろお〜
もう一個は最後まで
お楽しみでとっておくの
「高はし」の
魅力はひと言では
語りつくせません
高はしでは
注文を聞いてから
煮付けに
入ります
きんきの仕込み。
中をそうじして
ます
ここは煮付けの
代表作ともいえる
〝煮魚四天王〟
というものが
存在します
キンキも
そのひとつですが
ほかにはノドグロ
わたしの
初・「高はし」メニュー
衝撃の出会いでした
あまりの
レベルの高さに
ど肝を抜かれた
メヌキ
タイミング
むずかしい
んです
まだお会いした
ことがないんです…
圧巻だったのが
どかっ
はい
ナメタガレイですー

どお゛ん
でかっっっ…!!
おらおら
たまごたっぷり〜
食えるかなっ
ナメタガレイってのはね もとがでかいんです それを3等分した うちのひとつ
「高はし」三代目若だんな
棚の上にさんぜんと輝くガンダム00エクシアヘッド
なんとガンダムオタクです
そしてスミズミまでみごとにうまいのだ!!
ヒレについてる肉までおいしいんだよ!!
スミズミまで食べたので時間はかかりましたが完食しました一
そしてこの華麗な魚料理をくり出すのが…
あ こんにちはー
オレねー マンガ大好きなんだー

将来マンガ喫茶やろーかなー
なーんて
いやそれは「高はし」ファンがゆるさないでしょ
それとも何ですか煮付けのおいしいマンガ喫茶ですか
煮付けに刺身つけて
今日は何にしよーかな〜
いやー結局ファンが殺到してやってることは変わらないって状態になるんじゃ…
「あんこう屋」なので冬にはあんこうも出ます
でもねーあまり入らなくなっちゃって…少なくなってるんですよ
あんこうが入った時には…
しゃきーん
高倉健みたいにかいてくれ
「高はし」の仕込みといえばこの大だんな
あんこうは仕入れた日におろして使わなきゃダメなんだよ
うらの表面が青みがかってるのは悪くなってきてるの目ききが大事.
おお！
下アゴの所をここにかけるの
お店のうらロのサンの所
それ用のひっかけ金具がついている
がしっ
あんこうってのはベトベトしてるからねそれを取るのにうちでは包丁を使うんですごく時間がかかるんだ
皮にゼラチン質のついた厚みのあるのじゃなきゃダメ

皮をはぐ
表面ヌルヌルなのに手ぎわがいいっ
するするする
さばく
すてる所がほとんどないんだよ
ひれを落としくちびるを落とし卵巣・
胃はでかい
正肉をがばっと落とす
ほらこれ肝だよ
食べてみな
とろん
うわっっ濃厚っっ
その冬限定のあんこう煮
プルプル濃厚うますぎです
メニューで見たら頼んでみよう!!
入荷も限定なのである日に当たればラッキー
うお元気になる～
うちはね閉店後のそうじに5時間かけるの
ひーえ
魚料理の店ってのはにおいがしちゃダメなんだよ
毎日大そうじ状態
食べに行ったらそーゆーとこ見るといい店かわかるよ
魚をおろす時はそうじをとにかくキレイにするのが大事
煮汁がにごるからね
ウロコが残ってちゃダメ
残ってるかどうかしっぽの先を持つとわかる

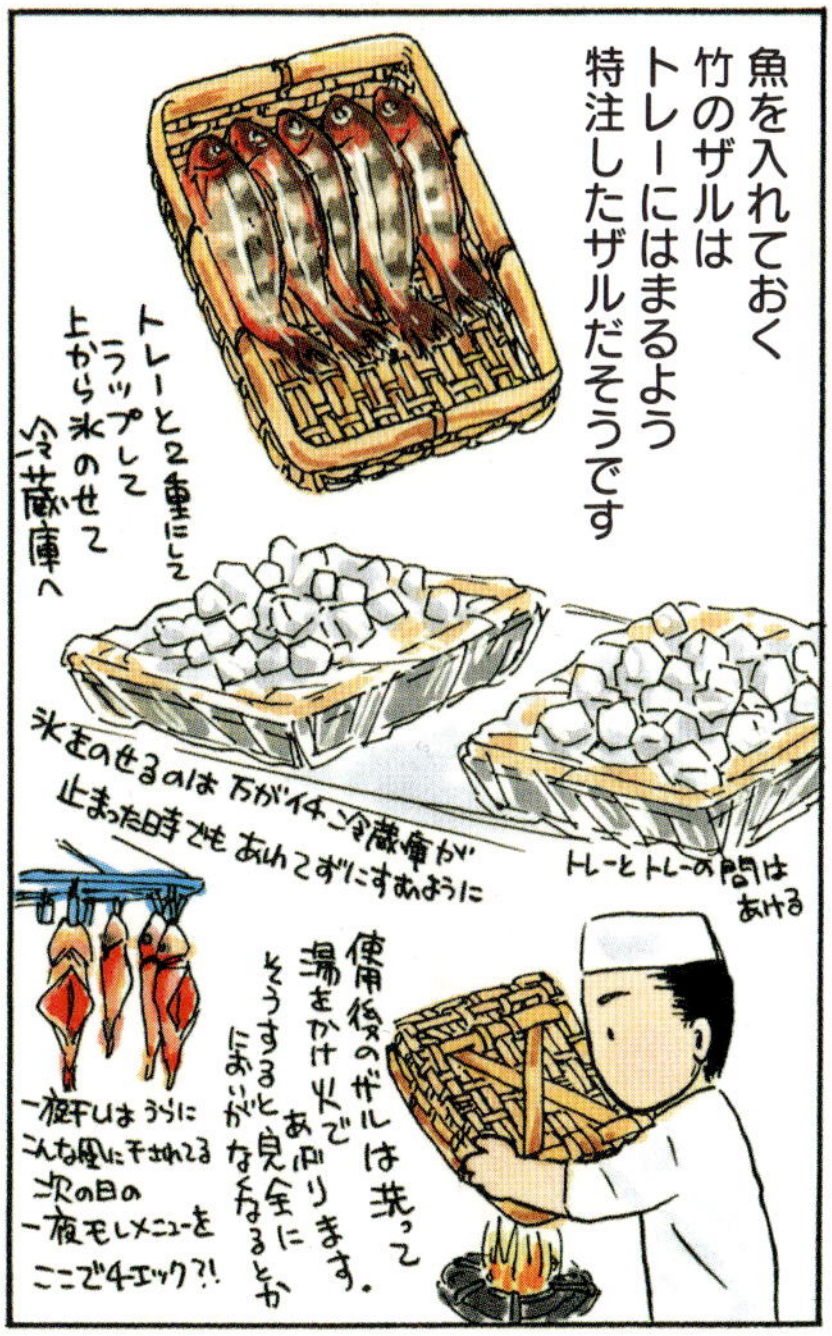
魚を入れておく
竹のザルは
トレーにはまるよう
特注したザルだそうです
トレーと2重にして
ラップして
上から氷のせて
冷蔵庫へ
氷をのせるのは 万が一冷蔵庫が
止まった時でも あわてずにすむように
トレーとトレーの間は
あける
使用後のザルは洗って
湯をかけ火で
あぶります。
そうすると見全に
においがなくなるとか
一夜干しはうらに
こんな風に干されてる
次の日の
一夜干しメニューを
ここでチェック?!

そんな魚料理へのこだわりが
ハンパない「高はし」
さわらの西京焼き
これが西京焼き?というほどの厚み
表面黒いけど こげくさくない
甘みもあってうまいです ー
たらの
白子どうふ♡
ぷるん
ぷるん!
注文重なると
待たされるけど
至福です〜
オレは
アンコウ嫌いなんだ
大変だから。
さー 言いつつ
めちゃめちゃ
手がけてますが…
まさしく
「キング・オブ・築地」
にふさわしい店なのです

築地にあって、寿司屋以外で行列がしょっちゅうできている店。確かに行列のできるうまさだ。この店の〝煮魚四天王〟ノドグロ、ナメタカレイ、キンキはまさに絶品。残るひとつメヌキにはまだお目にかかれていない。

焼き魚もおいしい。なかでもサンマ焼き定食は特筆すべきうまさだ。ここのサンマで、サンマの肝がこんなにうまいということを初めて知った。でかさも一番。サンマ漁が巻き網漁になる9月には、サンマがウロコを飲んでしまうため店に出さなくなってしまう。越後村上の塩引きジャケは年に1度か2度ほどしか登場しないレアもの。見かけたら必ず食べておきたい。塩辛いシャケが大きなかたまりで出てくるため、ご飯が進む。ほかのブリカマなども、とても一人前とは思えない大きさだ。

もちろんほかの魚も後悔しないうまさ。刺身定食は1300円だけど、どうせなら1800円か2300円にグレードアップしてもらった方がいい。

ナベ MEMO

その日いい魚を、その魚にあわせて料理してくれるため、メニューは日替わりで、数も限定されている。何があるかは行ってみてのお楽しみ。「あれ」が食べたいと訪問しても目当ての品はないことの方が多い。看板のアンコウだって、冬の間も毎日あるわけではない。そのかわり、出ているメニューにハズレはない。何度も足を運んでいろいろなメニューを楽しみたい。魚で旬を感じさせてくれる。

この店ではリーズナブルな品より、高いものや珍しいものからなくなっていく。店頭のポップに書かれていてもなくなっているものが多いので、店内の短冊で確かめよう。開店時間が7時半から8時と築地場内にしては遅い。

あんこう屋 高はし
【あんこうやたかはし】

【場所】
8号館
【営業時間】
8：00頃～13：00
【定休日】
日・祝・休市日
【予算】
1000～4000円

墨田書房
SUMIDA SYOBO
市場の中にも本屋さんがあるのです
場内をぐるぐる歩いていたら一度は見かけるお店
「墨田書房」
市場で唯一の書店です
築地に関する本・ガイド・調理師さん向けの本
一般書店じゃ見かけないような本がたくさん
スペースを最大限に使ったディスプレイもすごい!!
他には魚カルタや外人さんに人気の寿司カレンダーなども!!
カレンダーも英語バージョンあり。
魚《とと》あわせ 江戸前編
魚の絵と漢字をあわせるカードゲーム
英語バージョンもあるよ!
私たちが最初「築地あるき」を自費出版した頃
あの墨田さんに置いてもらえたらどんなに幸せだろ〜
あこがれ…
試しに一度持ち込みしてみました
こんな本を作ったもんですが…
あー置く場所無いからねェ
どこの馬のホネともわからん素人が作った本だしねー
ちょうど築地関係の本がたくさん出た後だった
玉砕。
しかしその後この本を面白いと言ってくれるお店の人もいく人か出てきて
高はし
あの本面白いですね!
フォーシーズン
お店に置くよー
欲しい人がいたら売るよ!

「米花」さんは
なんと
口頭で
宣伝して
売ってくれました!
これ本当に面白いの!!
読んで読んでー
ものすごい数
売ってくれました
ジローさんは
やっぱりグレートだ!!
2か月後
再アタック
したところ…
前回の持ち込みは
覚えていらっしゃいませんでしたが…
ドキ
ドキ
ドキ
ふーーん
んじゃ
ちょっと置いてく?
馬のホネの本を
置いてくれたのです!!
だあ〜
夢にまで見た光景が!
おかげでいろんなお客さんに
気軽に手にとって
もらえるように
なりました
あっこれ
マンガなんだあー
へエーー
なにより
「市場内に売っている」というのは
我々には大きな意味がありました

いかにも
築地といった
雰囲気を
かもし出す
ご主人
親切で
イケメンな
お兄さん
なんかかっこいいんですよねー
おせじぬきで
いつもお客さんに
本をススメてくれるのです。
ありがたい〜
築地ならではの本屋さん
一度のぞいてみて下さい

魚関係と料理関係の本なら品ぞろえバツグン。街の本屋さんじゃ見かけないような本もあるので、魚好きにはたまらない。「お魚かるた」は見ているだけでも楽しい。

店先からあふれんばかりの本は、やっぱり築地らしさで満ちている。

ナベ MEMO

墨田書房【すみだしょぼう】

☎03-3542-2827

【場所】	8号館
【営業時間】	5:30〜13:00
【定休日】	日・祝・休市日

ナベ column

もっと築地あるき❶

八千代【やちよ】

アジフライで一押しのとんかつ店。アジがいいのだろう、アジ酢もうまい。魚介系のフライが豊富で、夏には場内では珍しいハモフライもある。火・木・土限定のチャーシューエッグも人気で肉好きにはぜひおススメ。柔らかくとろける肉を心ゆくまでほおばれる。

巨大な車エビフライが有名で、たびたびメディアに取り上げられているが、普通サイズの車エビフライで十分うまい。これは頭ごと食べる。たまに頭を残す人がいるけど、実にもったいない。

ホタテフライは中心部を生で残すレアな仕上がりで甘みが強い。

穴子フライも肉厚で、他ではなかなか食べられない逸品だ。僕はアジフライと穴子フライの組み合わせでいただくことが多い。

もちろんその他にも組み合わせは自由だ。店内の短冊に出てない組み合わせでも対応してくれる。タルタルソースもとてもうまいのでタルタルたっぷりのオーダーがいい。

地味だけどうまいB定食（アジ酢と野菜煮物）もよく頼む一品。すべての定食はご飯に＋100円でカレーをかけてくれる。

カツ丼、ロースカツ丼、ヒレカツ丼もあり、カツ丼で3種。ロースカツ丼の肉はさすがに柔らかい。大きなカツは細めにカットされていて食べやすい。タレはやっぱり甘め。

【場所】 場内　6号館
【営業時間】 5時～14時
【定休日】 日・祝・休市日
【予算】 1000～1500円

小田保【おだやす】

ここもとんかつののれんを掲げている店。フライやバター焼きなどの洋食がうまいのだけど、実はアジ酢や刺身もいける。刺身のうまいとんかつ屋ってのが、築地らしい。夏ならアジフライと穴子フライ、冬ならカキフライ＆カキバターが外せない。

エビフライを卵でとじたエビ丼が名物だが、おススメはカニクリームコロッケ。カニが入ったクリームコロッケではなく、クリームをまとったカニのかたまりコロッケといいたいほどカニがたっぷりだ。

少しまぎらわしいのが、フライミックスとフライ盛り合わせ。前者はエビとアジ。後者はエビ・カニコロッケ・ヒレカツ。盛り合わせのつもりでミックスとか言いそうになるが、全く違うものが出てくる。カレーのちょいがけもないので注意。

ポークソテーは肉厚でとても香ばしい。甘酸っぱいソースが食欲を刺激する。

カツ丼はツユダク状態。だけど甘めの味付けでしょっぱくはない。肉質はやや固め。上カツ丼もある。玉子の白身は半熟状。

【場所】 場内　6号館
【営業時間】 4時～13時
【定休日】 日・祝・休市日
【予算】 1000～1500円

2章

場外あるき

迷ったときは
全部食え

めし丸
MESHIMARU
築地に一歩入ればそこはめくるめく食のワンダーランド
場外
場内
こんな所にめずらしいメニューが！
あいしいものを求めて探検するのが楽しすぎる所
あら こんな所においしいものが！
ご紹介するのは築地と言えば思い浮かぶ
海鮮丼。
そしていきなり隠れた名店です
場外にある「めし丸」
めし丸
めし丸
このあたり観光客はあまり流れてこないのですが
看板を見落とすな！
ココ!!
めし丸
後に出てくる天プラ「黒川」のむかいにあります
築地では「客が多い＝美味」ばかりではないのです!!
見た目は小さな大衆食堂のように見えますが
めし丸
めし丸
れっきとした海鮮を扱う店
まるちらしふたつ
はい

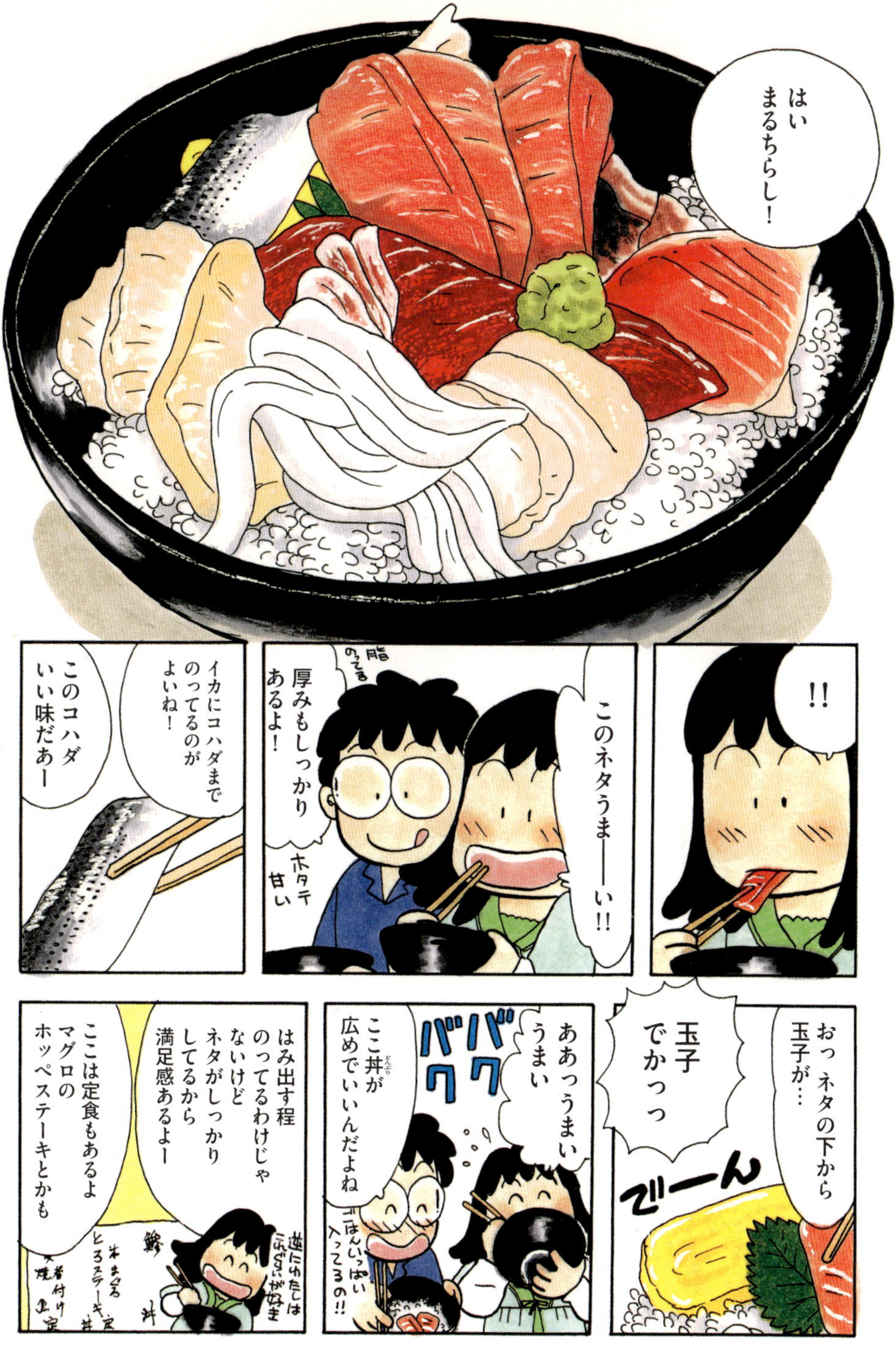
はい
まるちらし!
!!
このネタうま――い!!
脂のってる
厚みもしっかりあるよ!
ホタテ甘い
イカにコハダまでのってるのがよいね!
このコハダいい味だあー
おっ ネタの下から玉子が…
玉子でかっっ
どーん
ああっうまいうまい
バクバク
ここ丼《どんぶり》が広めでいいんだよね
ごはんいっぱい入ってるの!!
はみ出す程のってるわけじゃないけどネタがしっかりしてるから満足感あるよー
ここは定食もあるよマグロのホッペステーキとかも
逆にわたしはこぶりが好き
鯵丼
本まぐろとろステーキ定 丼
焼魚 煮付け定

ふと見ると
カウンター越しに…
なんかお客さん
らしき人がくつろいでる
姿が…?!
この店はねェ
奥にも
客席があるんだよ
えええっ
つまり二重構造の
店だったのです!!
昔は奥が
居住空間
だったみたいよ
カウンター
せまく
なっちゃったから
広げた
ごちそーさまー
食べ終わったら
器はカウンターの
上に上げよう。
ありがとう
ございました
おいし
かった!!
ガラガラ
ぞろ
ぞろ
ガヤ
ガヤ
ぞろ
あ―――
こういう形なのか!!
ナルホド
奥から入る時は
必ず声かけ
して
スミマセー
ン
めし丸
お客さんが外で
食べられるよう
机(食卓)も
ある。
だからそう説明しましたがな…
まあその内
奥も入ってみたいね
何人かで飲む時には
楽しそうだ
「めし丸」
お手頃に海鮮丼が食べられて
造りも楽しいお店です

ナベ column

ふたつのめし丸

めし丸【めしまる】

今回紹介した「めし丸」。派手さはないが、旬の魚を安価に提供してくれる。なんとも趣《おもむき》のあるたたずまいの店だ。注意が必要なのだが、築地場外にはもうひとつ「めし丸」という名の店がある。築地東通りにある「めし丸本店」。テレビによく登場するので、知名度はそちらの方が高い。

　経営はまったく別で、支店でものれん分けでもない。以前、めし丸本店が「めし丸」の名で、ここで営業していたが、人通りの多い築地東通りに移った。その際、次にここの店舗を居抜きで借りた店主が、店名を書き換えずにそのまま使用しているらしい。

　移った方の店は店名に「本店」をつけたが、それだけみたい。なんとも大雑把《おおざっぱ》だが、そんなゆるさがいい。

【場所】場外　晴海通りと小田三北通りの間の路地
【営業時間】11時～14時／17時～21時
【定休日】日・祝・休市日
【予算】800～1300円（昼）
4000～5000円（夜）

めし丸本店【めしまるほんてん】

テレビによく出ていて、その録画を店頭で流している。

　名物は店頭で焼くホタテ貝やサザエ、ハマグリ。その場で殻から外してくれる生ガキ。ゆずコショウのきいた焼きサバ寿司。などなど。マンガで紹介した「めし丸」とは違い、こちらは「海宝館グループ」の店舗だ。

　2階には大宴会も可能な広さの寿司店「勝鬨《かちどき》寿司」。波除《なみよけ》通りにはマグロをメインに魚介を売る「ザ・築地市場」。その他、築地以外にも店舗をどんどん広げているやり手だ。

　そんな店だが、面白いメニューがある。穴子丼築地盛り。丼からはみ出す穴子の天プラがどーんと5匹分。これで1300円。普通盛りは3匹で900円。ここは築地盛りでいきたい。穴子の天プラの味自体は平均的だが、このビジュアルはインパクト大。5本食べれば、「穴子天食ったなあ」と満足できるはず。穴子好きなら一度は食べてみる価値がある。

【場所】場外　築地東通り
【営業時間】7時～20時
【定休日】正月三が日のみ
【予算】900～1500円

めし丸本店の穴子丼　普通盛りなら3本の穴子天
築地盛りなら5本の穴子天がのる
ぜひ築地盛りでいこう
黄色い衣
1
2
3
4
5
たれは少なめで
ごはんには
あまりかかっていない
穴子5匹分の天丼は
他で見た事がない！

真寿舎
MASUYA
それは夏のある日のことだった
私たちはいつものように築地を歩いていた
ピタ
あれ?
あれー?
?
カレーって書いてある!!
本格こだわり
カレー
こんな所にカレー屋?
本当に?
注意して見てみるとたしかに奥に看板も…
そこは横道に入る所
栄寿司
おそるおそる進んでみると…
そろそろ
あっ
あんな所に
本当にカレー屋がありました
これが知る人ぞ知るカレーの「真寿舎」さん
いつ出来たんだろ…?
いらっしゃい〜
うおがしカレー!
ヘエー
合がけも出来るんだー
ビーフカレー 600円
ビーフハヤシ
うおがしカレー
合がけ 700円
特製カツカレー
じゃあわたしはビーフとハヤシの合がけにしよっかなー

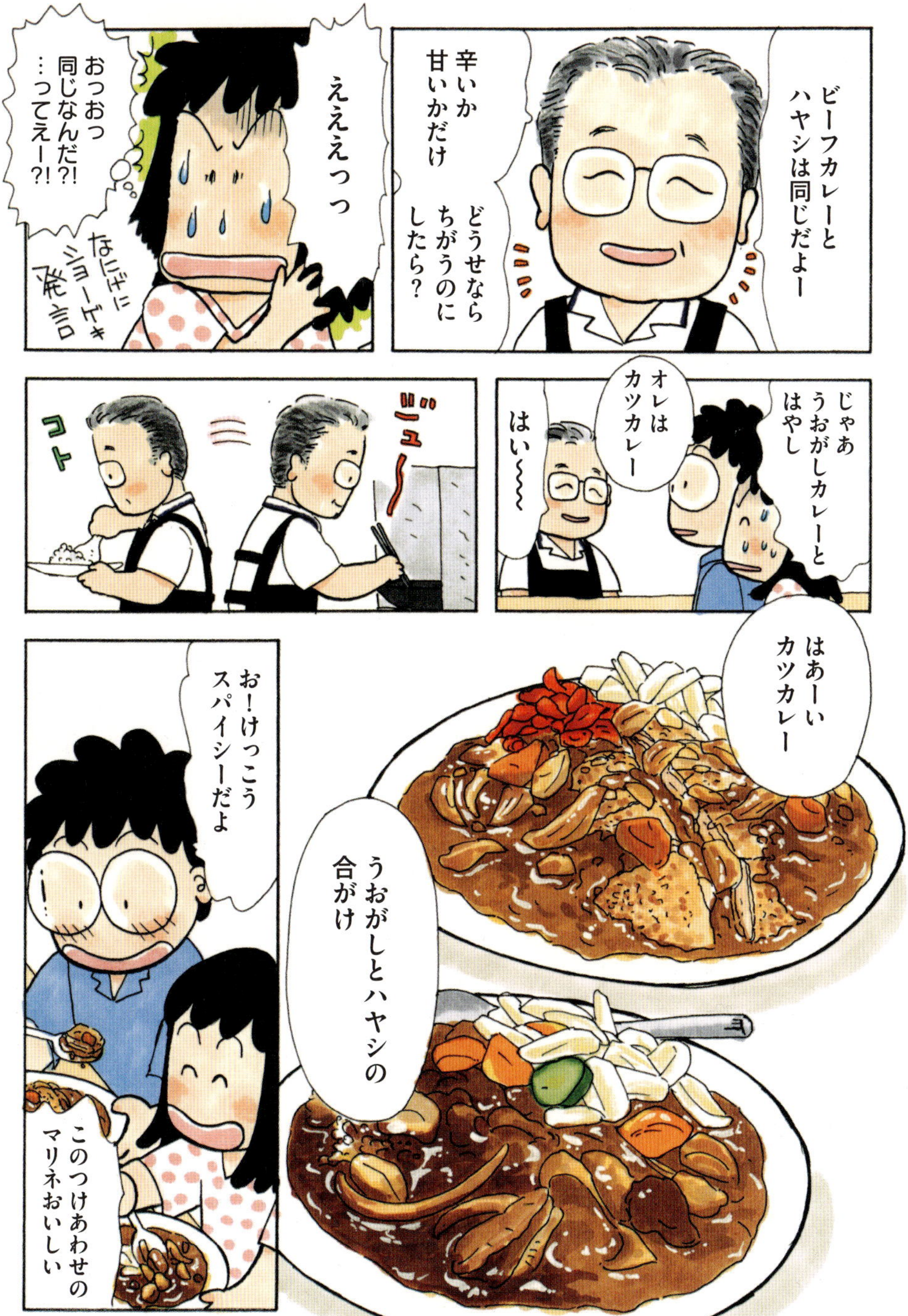
ビーフカレーとハヤシは同じだよー
辛いか甘いかだけ
どうせならちがうのにしたら？
えええっっ
おっおっ同じなんだ?!…ってえー?!
なにげにショーゲキ発言
じゃあうおがしカレーとはやし
オレはカツカレー
はい～～
ジュ～
コト
はあーいカツカレー
うおがしとハヤシの合がけ
お！けっこうスパイシーだよ
このつけあわせのマリネおいしい

うおがしカレーは魚のダシがきいてるよ
具もたっぷり!! これは築地っぽいカレーでいいねェ
「真寿舎」さんはマスターの人柄もステキ
あらーいらっしゃーい
今日は久しぶりじゃないのー
はいこれ
ときどきオマケまでくれる
いいのー?
んー?
いーのいーの来てくれてうれしいからー
このマスターのファンは多い
いやしオ〜ラ
カレーのおいしさはもちろんこのマスターの人柄にひかれて来ちゃうんだよね
最近のお気に入りは
グラタンカレー♡ルーは何にしようかなー
最近ねェOLさんにミックスが人気なの
それにする?
ミックスって合がけかな?
ヘェ〜
ルーとルーを合わせて〜
こんな感じー
これをかけるの
グルグルグル
「ミックス」って本当にミックスするのか!!

グツ
グツ
これがうまいのなんの!!
カレーがマイルドになってチーズがさらに風味を増して!
うま——っっ
ごはんの上からタマゴスライス、ルーをかけて
その上からチーズをかけて焼いて
仕上げにバーナーで焦げ目をつけます
ゴオー—
焼く所1個しかないから
3人同時に頼んでも
一緒に出せないんだよね—
残念
いっぺん食べてみて。
ぱく
ぱく
もちろん単品カレー
でもグラタン可能。
これ以外にもキーマカレーなんてのもある
キーマカレーの下には 玉子焼き
その下には
レタス
カレーおにぎりは
テイクアウトにぴったり。
甘味部門もあります!!
冬にはおしるこ。
夏には冷やし
白玉しるこ。
04ヨコアップルパイは
OLさんに大人気
わたしは
まだ
ゲット
できません…

ナベMEMO

黄色いのぼりに導かれると、路地にたたずむ「真寿舎」にたどり着く。

この店の特徴は何といってもご主人の人がら。細かいことは抜きにして、ほんわかムードに包まれる。

もちろんカレーはしっかりしている。奥さんは白山で創作薬膳「真寿舎」を営んでいた。でもここのカレーは薬膳ではない。

平成21年の冷製夏カレーは中央区観光協会の推進する「お江戸旬カレー」のカレー。期間限定品だ。鶏の煮こごり状態の冷たいカレーがあったかいご飯の上で溶けていく独特の食感がある。鶏のゴマだれあえがとてもいいアクセント。

キーマカレーにレタスと薄焼き玉子が敷かれているのも珍しい。甘めでスパイス使いが独特なカレー。

カレーの脇役だが、野菜のマリネがおいしい。これだけおかわりしたくなる。

真寿舎

［ますや］

☎090-1996-9711

【場所】
築地西通り築地中通りの間の路地
【営業時間】
7：00～14：00
【定休日】
日・祝・休市日
【予算】
600～1000円

築地市場カレー事情

忙しい男達の仕事場である築地では、素早く食べられるカレーが大人気。築地はカレーと牛丼の街だといっても過言ではない（さすがにいい過ぎか……）。築地でカレーを食べられる店は多いが、今回は場内・場外の店に限定して紹介する。

マンガで紹介した「真寿舎《ますや》」の他にも、築地のカレーはたくさんある。

中栄【なかえい】

築地でカレーといえば、まずはここ。僕達も築地に初めて来たときは、この「中栄」にお邪魔した。

大正元年創業の老舗《しにせ》でもうすぐ100年の歴史。昔からインドカレーを謳《うた》い、本格的なカレーを作ってきたことは素晴らしい。インドカレー（辛口）・ビーフカレー（甘口）・ハヤシライスの3つから2つ選ぶ合《あい》がけが看板。合がけも昭和30年代から50年近い歴史がある。

とはいえ僕はいつもインドカレー。具は豚バラ肉と玉ネギのみのシンプルなカレーだが、何十年も前からこの味を続けてきたことに価値がある。早くてうまくて安い。毎日でも食べたいカレー。500円の割に量がある。大盛り・特盛りもできる。

築地では当たり前の、カレーに千切りキャベツが盛られてくるスタイルも、発祥はこの店。昔、メニューにカツカレーがあった頃、常連さんが「カツカレーからカツを抜いてキャベツだけのっけてくれ」と頼んだことからできたとか。なるほど、ここのカレーはキャベツの甘みとよく合う。

4代目店長さんはじめ、スタッフの対応の素晴らしさは特筆ものである。

【場所】 場内　1号館
【営業時間】 5時〜13時
【定休日】 日・祝・休市日
【予算】 500〜700円

山麓【さんろく】

平成21年5月にできた新しい店。木更津の人気店が築地へ進出。辛さは十両から横綱までの6段階。築地で辛いカレーを食べられる店はなかったので、辛いカレーが好きな人にはうれしい。

横綱はさすがに辛いが、激辛度はさほどでもなく、辛いもの好きなら食べられるレベル。唐辛子系のストレートな辛さ。ほかのスパイスとのバランスを考えると、関脇あたりが一番いいかも。

チキンカレーのチキンがやわらかく仕上がっている。穴子フライがあるのもうれしい。この穴子フライ、日により大きさにバラツキがあるようだ。

ご飯を後から追加する追っかけライスというシステムもある。量は最初の3分の1程度。

冷やしカレーは小麦粉とラードを使っておらず、冷やしても固まらないカレー。カレーはもちろん、ライ

スも皿もカレーポットも冷やされている。キャベツの千切りかレタスが食べ放題だが、これは木更津の本店ではやっておらず、築地店仕様。築地ではカレーにキャベツが欠かせない。

【場所】公園通りと小田三北通りの角
【営業時間】6時～17時／休市日変更あり
【定休日】日
【予算】800～1300円

フォーシーズン

ここはカレー系のメニューも豊富だ。カレースパは茹でおきスパゲティをカレー粉でしっかり炒め、上からカレールーをかけた品。カレーの2段攻撃で味に変化が出る。他店でカレースパを頼むとライスの方が合っているよなあと思うことも多いが、ここのは完成された一皿だ。

ドライカレーもご飯をカレー粉で炒め、カレールーをかけたもの。カレーチャーハンでも、水分を飛ばしたキーマみたいなのでもない独特なドライカレーに、マスターのこだわりを感じる。

オムライスカレーはそのまんまオムライスにカレーをかけたもの。でも、カレーをかけることを前提に、普通のオムライスよりご飯のケチャップを弱くし、カレーの熱を考慮して玉子もゆるめに仕上げてある。

もちろん単純なカレーライスもコクがありおいしい。お店のデータはP.80。

大森【おおもり】

牛丼のうまい店だけどカレーもあり。カレーと牛丼の合がけを最初に始めた店で、店の看板には店名より大きく「合がけ」と掲げられている。合がけでも牛丼の豆腐が入ってくるのがうれしい。

磯野家【いそのや】

カツカレーはボリュームたっぷり。元々、築地ではご飯は茶碗ではなくどんぶりがデフォルトだし、盛りのいい店が多いのだが、ここのカツカレーはその中でも圧倒的に量が多い。ご飯も多いし、カツもでかい。大盛りを頼めばビックリの大きさだ。

ただしその後の連食が難しくなるので大盛りにするのは覚悟が必要である。

鳥藤分店【とりとうぶんてん】

こちらは親子丼とカレーの合がけが頼める。鶏肉に特化した「鳥藤」の分店だけあって、親子丼はそれだけでも十分美味しい。しかも、カレーと一緒だとさらにレベルが上がる。混ぜて食べたときの相性のよさは数ある合がけの中でも一番だろう。ほかの合がけが足し算なのに、これは掛け算といった感じ。

唐揚げやチキンカツも美味しいのでトッピングすればなお楽しい。お店のデータはP.102。

築地市場カレー事情

さかえや

ここにはステーキ（という名の焼いた牛肉）とカレーの合がけがある。ご飯が足りなく感じる味の濃さだ。

メニューにはないが、ネギ豚焼き丼とカレーの合がけも作ってくれる。こちらも味が濃い。

通りを歩くおじさん達とマスターとの会話をＢＧＭに食べるカレーは、築地をしみじみと感じさせてくれる。

【場所】 場外　もんぜき通り
【営業時間】 5時30分～14時
（食事は7時～）
【定休日】 日・祝・休市日
【予算】 ８００～１３００円

豊ちゃん【とよちゃん】

このカツカレーは道場六三郎が生涯一の洋食と言っていた一品。カレールーが少なく、カツののったカレーライスではなくて、カレーソースのカツをご飯にのっけた感じだ。

ここはオムのっけカレーの方がいいか。さらにオムのっけカレーハヤシ両がけがおススメ。いっそオム・カツのっけカレーハヤシ両がけもあるぞ。

夏限定のドライカレーは水分を飛ばしたキーマカレー系。刻んだ茹で玉子がのっている。彩りもきれいだし、見た目よりスパイシーでおいしい。

ほかのメニューも＋１８０円でカレーがかけられるのでいろいろ試せる。

長生庵【ちょうせいあん】

蕎麦屋なのでカレー蕎麦とカレーうどん。付け麺タイプもある。さらにキムチをのせたものと、ネギの天プラをのせたものがある。キムチは面白い。でもネギの天プラがおいしいので個人的には後者が好き。穴子天が絶品なのでぜひトッピングしたい。お店のデータはP.100。

八千代【やちよ】

定食を頼むと＋１００円でご飯にカレーをちょっとかけてくれるので、さまざまなフライにカレーを合わせることができる。

メニューにカツカレーがあるが、ついこのフライのカレーがけで満足してしまう。甘口ではあるもののしっかり作ってあり、フライを引き立てるカレーだ。

虎杖【いたどり】

カレーうどんがうまい。以前は表店で出されていたが、今は裏店で食べられる。カレーはクリーミーでうどん自体もうまい。小エビ天や穴子天、ハモ天や豚肉などをつけたらさらにうまい。それぞれのつけ麺もある。カレーうどんは夜の居酒屋タイムでも注文可能。お店のデータはP.128。

たけだ

こちらも定食類にカレーのチョイがけが＋１００円で頼める。こちらもさまざまなスパイス感のあるカレー。フライに合わせられるし、バター焼きに合わせるのもあり。オムカレーはハードな仕上がり。

早朝3時台からこれが食べられる築地は素敵な場所だ。

ナベ column

まだまだあるぞ！ 築地のカレー

「禄明軒《ろくめいけん》」はカレーメニューも豊富。カレー、カツカレー、チキンカツカレー、メンチカツカレー、オムレツカレー、カレーチャーハンなど。値段の割にボリュームがあるので満足感いっぱい。

「小田保《おだやす》」のオムカレーはトロトロな仕上がり。カレーライスやカツカレーあり。定食のカレーちょいがけはないので注意。

「東都《とうと》グリル」にはカレーライスと（上）カレーライスがある。何が違うのかと思っていたら（上）はサラダがついて、カレーが別にポットでくる。欧風のコクのあるカレー。

築地の秘密基地「小松《こまつ》」のカレーは挽肉と玉ネギのシンプルなカレー。看板がコーヒー&カレーの割には気負いがない。軽食らしい一品。あの雰囲気の中で食べるカレーは格別。

「マックモア」には、カレーライスとドライカレーあり。カレーライスはライスカレーと呼びたい懐かしさを感じる。大きいカットの豚肉がゴロゴロ。

「幸軒《さいわいけん》」はラーメンなどを注文すると茶碗カレーをセットにできる。ラーメンにカレーをかけてもらうことも可能。普通のカレーやカツカレーもある。どろっと黄色い、田舎の食堂カレー。

「市場《いちば》の厨房《ちゅうぼう》」のチキンカツカレーは懐かし系カレー。ニンジン・ジャガイモ・玉ネギのカットが大きい。具の大きさでは築地市場一番だと思う。日替わりの中に夏野菜カレーがあることもある。

「河岸頭《かしがしら》」は鯛めしに鯛フライをのっけた鯛カレーがおいしい。いつもあるメニューではないのが残念。

マンガで紹介した「粋《いき》」の〆のお茶漬け風カレーは、魚介のダシがきいていてうまい。

おにぎりの「丸豊《まるとよ》」には、ミニ丼のカレーあり、少しカレーが食べたいときにはいい。

「富士見屋《ふじみや》」にはカレー南蛮とカレー丼があるが、夏には冷やしカレー（蕎麦・うどん）が登場。冷たいカレー汁に蕎麦が浸っている。温泉玉子に豚肉・モヤシ・キヌサヤ。具がちょっと珍しい。

軽食のそろう「岩田《いわた》」にはカレーライスとカレースパがある。ていねいに作ったおいしいカレー。ピラフやナポリタンにはキャベツがつくがカレーライスにはつかない。

「ゆで太郎《たろう》」のカレーはちとしょっぱい。400円は市場最安値。蕎麦とのセットも590円で、懐《ふところ》にやさしい。カツカレーもあり。

共栄会ビル地下の「築地藪《つきじやぶ》そば」にもカレー南蛮そばあり。ここは「上野藪そば」の系列。

「ル・パン」にはカレーポテトパイ。カレー味のポテトをパイ生地で包んでいる。

場外の「築地　木村家《きむらや》」にはカレーパンがある。

「青空三代目《あおぞらさんだいめ》 hafū」のマグロのドライカレーは、手をかけて下処理されている。

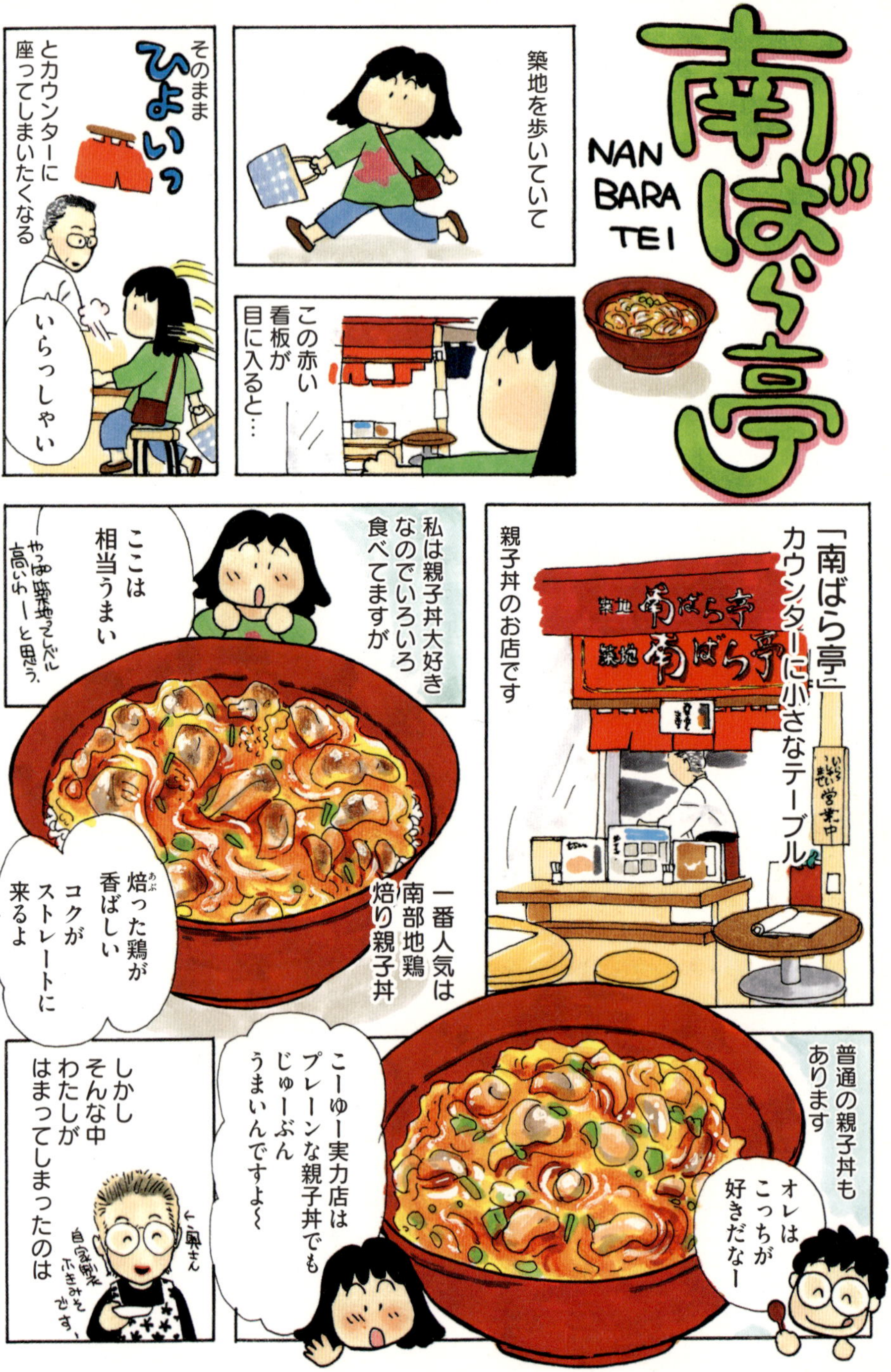
南ばら亭
NAN BARA TEI
築地を歩いていて
この赤い看板が目に入ると…
そのまま
ひょいっ
とカウンターに座ってしまいたくなる
いらっしゃい
「南ばら亭」カウンターに小さなテーブル
親子丼のお店です
築地 南ばら亭
築地 南ばら亭
営業中
私は親子丼大好きなのでいろいろ食べてますが
ここは相当うまい
やっぱ築地ってレベル高いわーと思う。
一番人気は南部地鶏焙り親子丼
焙《あぶ》った鶏が香ばしいコクがストレートに来るよ
普通の親子丼もあります
オレはこっちが好きだなー
こーゆー実力店はプレーンな親子丼でもじゅーぶんうまいんですよ〜
しかしそんな中わたしがはまってしまったのは
←奥さん
自家製ふきみそです。

もちブタ丼

ほっ
ほっ
これこれ!! もちブタの甘みと玉子のトロトロがベストマッチ〜
鶏好きの私も目覚めるおいしさ!!
これかけてみてもおいしいですよ
こたえられん!!
ぶひーっっ
…と出してくれたのがあおのり
あお・のり
あっ味変わった!!

「南ばら亭」は日曜も営業
週末しか築地来訪できない人の強い味方
ちょっとトロロっぽくなってこれもまたいけるよ!!
持ち帰りも出来るよ〜
このあおのりはおトナリのお店で売っているんです!!
たのしい〜

もし日曜日に築地へ来ることになっても、ここがあるから安心。おいしいものが食べられる。砂糖・みりんを使わず、赤酒を使っている。一杯一杯に真剣勝負で向かうご主人の姿がかっこいい。

ナベ MEMO

南ばら亭【なんばらてい】
☎03-3248-8085

【場所】	築地東通り
【営業時間】	7:00〜14:30／日は10:00〜
【定休日】	水
【予算】	700〜1300円

コーヒー&スパゲティ
フォーシーズン
4SEASON
この店の話を人にすると…
え?!わざわざ築地でスパゲティ食べてるの?!
おいしそうだけど…そーねェできればお魚食べたいかなぁ
おスシとか丼とか
なんて反応が返ってくる
聞いてっ
私の語りをっ
がくん
がくん
でもね…

この店抜きでは
わたしの築地あるきは語れないんです!!

その店とは…
喫茶「フォーシーズン」
coffee
4SEASON
OPEN
それは数年前
我々の間ではちょっとしたナポリタンブームが来ていた
ナポリタン大好き!
名古屋では鉄板の上にのって玉子がまわりにひいてあるんだよ!
東京はナポリタンの有名店も多い行ってみよう!
いくつかの店で食べてみた
どれもおいしいなぁ甲乙つけがたいみんな少しずつちがうけど
具もいろいろ
炒め具合
ケチャップ
トマトソース

シンプルだけに抜きん出てスゴイってことにはならないのかも
やっぱナポリタンにご飯つけるのってフツーにありだなあ
築地にある店がナポリタンもおいしいんだって行ってみない？
初めて訪れた時は
2階にあるんだ知る人ぞ知るって感じだね
フォーシーズン
2F
はい ナポリタンですー
築地の中でナポリタンって…なんか妙だね～
…とやっぱり私と同じ事言ってました
お店の中ナナメなんだよね それをうまくスペース利用して席を作ってる感じ。
まあ時にはこういうのもいいでしょ
食べ比べだし
深い大きなお皿に入ってるね
麺は細めなんだめずらしいな

クル
クルル
おっっ
?!
なんだ
この香り?!
お……
ど…
どうしたの
フルーツ?!
ナポリタンなのに
香りに層が?!
おいひー
感涙だらだらだら
注：本当に
泣きました。
おいひー
おいひー
これはわたしが求めていた
ナポリタンのさらに
上を行くナポリタン!!
そっ
そんなにかっ
ぐるん
ぐるん

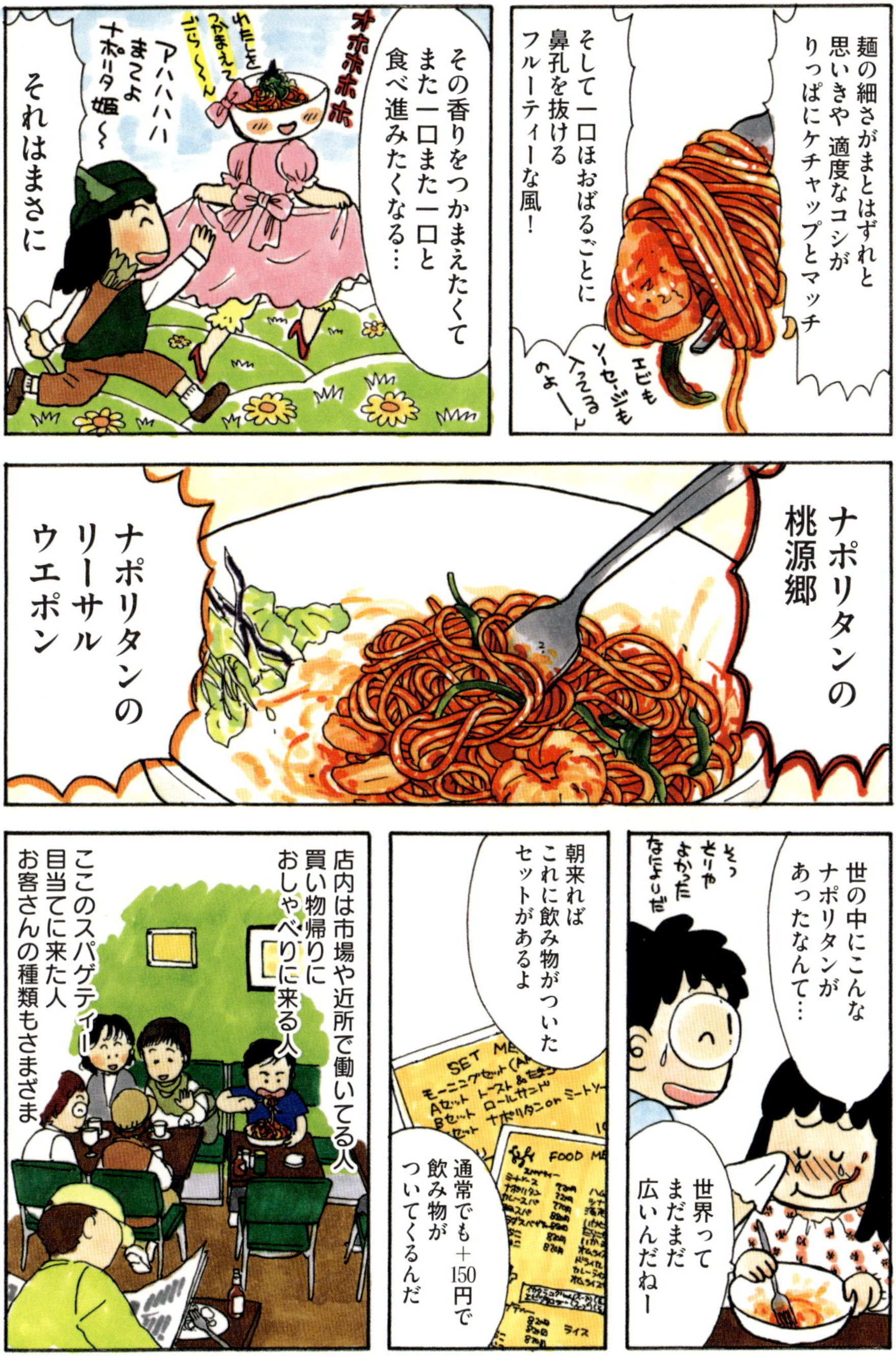
麺の細さがまとはずれと思いきや 適度なコシがりっぱにケチャップとマッチ
そして一口ほおばるごとに鼻孔を抜けるフルーティーな風！
エビもソーセージも入ってるのよーーん
その香りをつかまえたくてまた一口また一口と食べ進みたくなる…
オホホホホ
わたしをつかまえてごら〜くん
アハハハハ まてよ ナポリタ姫〜
それはまさに
ナポリタンの桃源郷
ナポリタンのリーサルウエポン
世の中にこんなナポリタンがあったなんて…
そっ そりゃよかった なによりだ
世界ってまだまだ広いんだねー
朝来ればこれに飲み物がついたセットがあるよ
通常でも＋150円で飲み物がついてくるんだ
店内は市場や近所で働いてる人
買い物帰りに
おしゃべりに来る人
ここのスパゲティー
目当てに来た人
お客さんの種類もさまざま

市場の喧騒《けんそう》からはなれ静かでいい具合に力の抜けた店がまえだ
一人でも入りやすい
なによりこのお店には
あっ いらっしゃーい 今日は仕事休み?
いらっしゃーーーい
看板娘ならぬ〝看板夫婦〟がいる
ここのマスターは明るくてめちゃめちゃフレンドリー
あれっ お客さん芸能人の○○に似てるっていわれない?!
その気になればもれなく顔なじみ
このおじさん魚売ってんのいえば安くしてくれるって!! え?半額?!
しねーよっ!!
さらにスゴイのはそのマスターのそばでさりげなくテキパキと働く奥さん
さっ
さっ
とあるグルメブログの人が書いていたエピソードに…
グルメブロガー
このお店も一年ぶりだなあ
何食べよう
以前もお越しいただきましたよねありがとうございます
えええぇっ
グルメブロ
なんてこともあったらしい

来店理由にこのお2人の顔も見たくてというのも加わった
わたし飲食店の常連ってあんまなった事ないけど ここは本当にいこいの場所って感じで来やすいー
自然に足が向いちゃうんだよねー
はい お水
もちろん一見さんも大歓迎なので安心!!
ほかにもぜひ紹介したいメニューが…
和風スパでーす
もさーっ
?!
い…いやちがうこれ…シソだよ!!シソの山だ!!
とんでもないシソの量だな
草?!
中からスパゲティが出てきたぞ…
スゴイスゴイぞ
おいしい!!シソともぴったりだーだからこの量なのか
どんどんいけちゃう
炒めがしっかりされているから香ばしい
しょう油・マーガリンとシイタケ・シソがすごく合ってるこれもナポリタンと共に時々食べたくなるメニュー!!
オススメ

カレースパ
カレー好きな人に大好評!!
けっこうスパイシー
カレーならドライカレーもいいぞ
ごはんもあるぞ ——
上からさらにカレーのかかったひとワザきいた一品です
焼きスパは具はしょう油味でスパはソースベースのタレで炒めてあるぞ
焼きそばみたいだけど全然ちがう味
なにげないけどサンドイッチ系もんまいです!!
ミックスサンド
ホットサンド
おなかパンパンでもついつまんでしまう
サンド系は忙しい時は作れない事もあるので注意…
本当にたくさんの野菜がのってます!! そのボリュームにびっくり!!
サラダスパ!!
野菜市場《やっちゃば》もあるのに市場で野菜をいっぱい食べられるメニューって案外少ないからいいね
ミルクフロート
白い…ミルクとアイスと生クリームがすべて白い
名前のとおりだ!!
最近のコース
築地で朝メシ
築地で昼メシ
ここにフォーシーズンが入る確率がふえた
確実に体重に反映するけどやめられねェ〜

オアシス（築地）の中のオアシス　それが喫茶「フォーシーズン」だ!!
モーニングセットの トースト & たまご
ジャム & マーガリン付き
じゃきっ！てまん中に入れる包丁の音がよいのである。
これに飲み物がついてきます
ロールサンド
焼いたロールパンに野菜・ハムタマゴをサンド
ホットドッグ
コーヒーはいれたてが出て来ます！
ごはんものなどに付いてくるみそ汁
具にはけっこうこだわりが
はい蒲田!! じゃなくておおもりー
これからもそのままのフォーシーズンでいてね

築地で一番居心地がいい場所（当社比）。スパゲティを炒めることに関しては他の追随を許さぬ技が冴《さ》える。日本のスパゲティとイタリアンのパスタの違いは麺を炒めるかどうかだと思う。パスタは基本的にあえる程度で炒めない。炒めてこその日本のスパゲティだ。昼の繁忙時間でも手抜き一切なしの炒め具合。これがフォーシーズンの真骨頂。ほかより一歩ぬきんでた存在にしている。

だから、この店のスパゲティのうまさは炒めた麺の歯ごたえと調味料が焼かれた味だと思う。なにより香りがいい。ケチャップのナポリタンもしょう油の和風スパもソースの焼スパもカレー粉のカレースパも炒めてあるからこそうまい。なんてことのないメニューも技ひとつで極上品となる。築地のうまいものというとどうしても魚に目が行くけれど、このスパゲティはぜひ食べたい。特にナポリタンと和風スパがおススメ。

やはりこだわり炒めのピラフやスープスパ、サンドイッチ類もおいしい。食べたいものが多すぎて何を注文するか迷うことになる。あれもこれも食べたくて、一日に2人で7品食べたこともある。ご飯物は、昼近くになってからのメニューで、朝はできないことが多いので注意が必要だ。

朝飯と昼飯の間の、お茶のつもりで入っても、つい食べたくなってしまう魅力がここにはある。そしていつも食べ過ぎてしまう。

もちろん、飲み物だけでもかまわない。奥のテーブル席でのんびり過ごすもよし。カウンター席でマスターの陽気なおしゃべりを楽しむもよし。午後の築地はお茶をのむところも限られてくるので、夕方5時までやっているこの店はありがたい。築地のオアシスだ。

ナベ MEMO

フォーシーズン

☎03-3545-9494

【場所】
築地東通り
【営業時間】
7：30～17：00
【定休日】
日・祝
【予算】
360～1000円

ぎんぱ

GINPA

TVでよく紹介される築地「虎杖《いたどり》」南店
虎杖《いたどり》さんは海鮮系がメイン
その華やかなりしお店のおとなりに
ひっ…そり
コーヒー
ぎんぱ
コーヒー
コーヒー
つい見すごしちゃいそうですが
と存在するのが「喫茶ぎんぱ」

なんとなく
ここお店?入っていいの?
と思うような外観ですが
ぎんぱ
コーヒー
コーヒー
大丈夫大丈夫
中はカウンターのみのお店
飾り気はないけれどとがってもいない「長年やってきたらこうなったの」って感じなのだ
↑人ひとり通るのがやっとの座席幅
築地のお店というとなんとなく
おうっビールといつもの!
ばしっ
しゅたっ
並盛ミックスマシヌキいっちょー
そんないきおい感をイメージしますが
「ぎんぱ」に入ると
ぱ
いらっしゃいー
ただよう空気がちがう
あのーミルクコーヒーを
ミルクコーヒーね

ミルクコーヒーは背の高いカップに入ってくる
はい
砂糖は？スプーンいらないの？
「カフェオレ」や「コーヒー牛乳」じゃなくて「ミルクコーヒー」
このタイプのコーヒーって横に広いカップはあるけど背の高いのはめずらしい。
今日は天気悪いわよねー
ほー…
なんていうか…
寒くってやんなっちゃうわねェ
明日はシケだな魚上がらねェ
あらそおー
しみじみするんである
むくっ
ぎょぎょっ
あー休んだー
ご主人そっ…そこにいたんですかっ
気がつかなかった店と同化してる
奥さんもご主人もペースが優しいのである
それがお店全体からかもし出されている
これ今度やるんですって
奥さんは踊りが大好き
春まつり

ぽっかり時間が空いた時ふと行きたくなるお店
それが私にとっての「ぎんぱ」なのです
コーヒー
ぎんぱ
コーヒー
コーヒー

トーストは薄切りと厚切りがある。厚切りは築地のトーストで一番厚い。バターの上から塗るジャムはイチゴ・ブルーベリー・マーマレードから２種類選べる。床は傾いているし、丸椅子はガタついているが、それがなんともいい味になっている。

ナベ MEMO

ぎんぱ

☎03-3541-6059

【場所】	公園通り
【営業時間】	7：00～13：00
【定休日】	日・祝・休市日
【予算】	280～600円

ちょっとお茶しますか

せっかく築地まで来たのだから、2食くらい食べていきたい。朝食と昼食を食べる場合、途中でお茶をして間をあけたくなる。

そんな時に便利なのは喫茶店。場内・場外中心に築地で一息いれられる店を紹介する。買い物で歩き回った後にもぜひ行きたい。

築地にはマンガで紹介している、「フォーシーズン」、「ひよ子」、「コリント」、「小松」、「ぎんぱ」以外にも喫茶店が多数ある。喫茶店のハシゴをすることもしょっちゅうだ。

でもお茶といいつつ、フードメニューの紹介ばかりとは、食べずにいられない自分が恨《うら》めしい。結局、3連食・4連食になっちゃう。

お茶だけの
つもりが
結局　何かを
食べてしまう

センリ軒【せんりけん】

ヒレカツサンドがおいしい。カツが厚くてソースの味も濃いので、すごい存在感。お持ち帰りもできるので重宝している。

半熟卵入りクリームシチューがほっとする味で、ファンが多いのもうなずける。アップルチーズケーキや梅ゼリーなどのデザートもいける。

【場所】 場内　8号館
【営業時間】 4時～12時30分
【定休日】 日・祝・休市日
【予算】 400～1000円

愛養【あいよう】

トーストの符丁《ふちょう》の多さで有名。焼き具合、耳を何辺残すか、切り方、バターやジャムの塗り方などで千通り以上とも言われる組み合わせになる。たとえば、「焼きは温める程度で耳は対面2辺残し、6つにカットし半分はバターだけ残りはバターとジャム」など。

常連さんは何もいわなくても自分だけのカスタマイズされたものが出てくる。それを見ているだけでも楽しい。

コーヒーももちろんおいしい。ミルクセーキはアイスだけでなく、ホットもある。

AIYO
AIYO

【場所】 場内　6号館
【営業時間】 3時30分～12時30分
【定休日】 日・祝・休市日
【予算】 400～600円

木村家【きむらや】

場外にあるアンパンの「築地 木村家」ではなく、場内1号館の「木村家」。店頭でサンドイッチを売っているが、イートインできる。コーヒーを頼むとスプーンに角砂糖が2つのってきて、「最近、みないよなあ」と懐かしくなる。ミルクコーヒーの方がコーヒーより安く、

ホットでもグラスで出てくる。甘さ控えめなやさしい味わい。サンドイッチを注文すると、店頭のパック入りサンドイッチを皿に並べかえて出してくれる。

トースト系はもちろんその場で焼いてくれる。ハムトーストはバターとハム2枚だけのシンプルさ。これが結構いい。

【場所】場内　1号館
【営業時間】5時～12時
【定休日】日・祝・休市日
【予算】400～800円

岩田【いわた】

軽食も充実した喫茶店。定番ものからカレースパ、ショウガ焼きまでそろう。フランスパンを使ったフレンチトーストがお気に入り。

ミックスジュースは組み合わせがいくつかある。スタッフはみんな女性という、場内では珍しい店。お店のデータはP.46。

網兼【あみかね】

メニューはコーヒー250円のみというシンプルさ。ミルクは最近じゃ珍しいエバミルク。営業は火・金・土の週3日で一日3時間ほど（土曜日は5時間ほど開けることもある）。開いていたらラッキー。ゆっくり流れる時間を楽しんでほしい。築地じゃお茶だけしようと思ってもつい何か食べちゃうけど、この店じゃその心配はいらない。

喫茶店としては珍しい名前だが、昔、築地川が埋め立てられる前は船宿だったらしい。

【場所】場外　波除通り
【営業時間】7時頃～10時頃
土は～12時頃
【定休日】日・月・水・木
【予算】250円

米本珈琲【よねもとこーひー】

場外に2店舗ある。晴海通りの本店と、波除通りの案内茶屋（インフォ）店。黒蜜マキアートやカフェショコラートなど、カフェらしいメニューが豊富。ヨーグルトドリンクの上からオレンジジュースを注いだカリフォルニアヨーグルトなど、築地でこの店だけというメニューも多い。おつまみのピーナッツは早い者勝ち。テイクアウトが30円引きというのは珍しいと思う。

【場所】場外　晴海通り（本店）
場外　波除通り（インフォ店）
【営業時間】6時～16時（本店）
5時～15時（インフォ店）
【定休日】日・祝・休市日
【予算】300～700円

ちょっとお茶しますか

マックモア

ここも喫茶店なのに料理がおいしい店。中落ち定食やカマトロ定食など、マグロが評判。土曜限定の姫丼はマグロづけ・シャケいくら・焼肉の小丼3つの定食。姫丼と名前がついているが、もちろん男でも頼める。というより女性には量が多いと思う。

軽食も豊富。ピラフやドライカレーもおいしいが、朝のうちはご飯メニューはできないので注意。

料理に目がいきがちだけど、サイフォンでいれたコーヒーも、もちろん美味しい。

築地茶房【つきじさぼう】

ゼリーにソフトクリームがたっぷりのった珈琲ゼリーとチョコゼリーが、土曜日は150円。他にもモーニングサービスやランチサービスがいろいろある。サンドイッチなどの手作り惣菜パンもいろいろ。ピザトーストはピザソースを使わずマヨネーズ味。溶けてパンにしみたマヨは、マヨ好きにおススメ。

ちょっと年季の入ったカフェといった趣《おもむき》。落ち着いていて、気兼ねなく長居できる。

【場所】築地2丁目
【営業時間】7時30分〜20時
土は8時〜18時
【定休日】日
【予算】200〜600円

寿月堂【じゅげつどう】

茶葉の販売店だが、イートインがある。煎茶や抹茶、玉露をお菓子つきでいただける。

プロがいれるとお茶も普段とは違う味わい。抹茶がとても濃い抹茶フィナンシェがおいしい。

【場所】場外　築地共栄会ビル1F
【営業時間】9時〜18時
【定休日】日・祝
【予算】600〜900円

茶の実倶楽部【ちゃのみくらぶ】

場外で有名な「うおがし銘茶」がやっている店。2階、3階でお茶がいただける。お茶のおいしいいれ方も教えてもらえる。

添えられるお菓子にも注目。夏限定のほうじ茶カキ氷、抹茶カキ氷がおいしい。

【場所】築地2丁目
【営業時間】10時〜17時30分
【定休日】土・日・祝（第一土曜のみ営業）
【予算】300〜500円

ナベ column

喫茶マコ【きっさまこ】

開店時間は10時より少し遅れることが多い。おかみさんがハチミツ・レモン・卵黄を入れたシェーカーをゆっくり振って、スタミナジュースを作ってくれる。絵になるなあ。

平日のコーヒーはネルドリップ。具だくさんの鶏雑煮も評判だ。

【場所】 場外　もんぜき通りと西通りの間の路地
【営業時間】 10時頃～15時30分　土は～14時
【定休日】 土・日・休市日
【予算】 ４００～８００円

喫茶ボン【きっさぼん】

勝《かち》鬨《どき》橋に近い立地のため、あまり観光客も来ず、落ち着ける店。

フルーツのおいしさには定評があり、その場でしぼるフレッシュジュースがおいしい。予算に余裕があれば、フルーツ盛り合わせもいい。

【場所】 場外　海幸橋通り
【営業時間】 6時～14時30分　土は～14時
【定休日】 土・日・休市日
【予算】 ３５０～８００円

ルビンズコーヒー

ちょっと休憩するのにいい店。トースト系は薄切り2枚を半分に切って4枚にしてある。中でもシナモントースト・ホイップ添えがおススメ。手作りサンドもいろいろ。

【場所】 場外　築地共栄会ビル１Ｆ
【営業時間】 6時30分～16時　土は～14時／休市日は7時～16時
【定休日】 日
【予算】 ２３０～６００円

デュパール

自家製パンが食べられるカフェだったのだが、残念なことに朝の営業をやめてしまった。朝から長靴姿でワインを飲むおじさんとかがいて面白かったのに……。

食事系も充実した、築地では貴重なおしゃれなカフェ。築地にしてはランチの量が少なく、女性客が多いのもうなずける。

【場所】 晴海通り
【営業時間】 11時30分～19時　ランチは11時30分～14時
【定休日】 日・祝
【予算】 ３００～１０００円

さかえや

カレーの頁で紹介したこちらは、もともとコーヒー屋。もちろん、コーヒーだけ飲んでいくのもＯＫ。むしろ、そういう人の方が多い。

のりトーストはバタートーストにしょう油をつけたのりをのせたもの。バターとしょう油って合うなあ。のりが噛み切れないので、4分の1カットされたものを、ひとつずつ食べるしかない。

バター・しょう油・海苔は
実は仲がいい

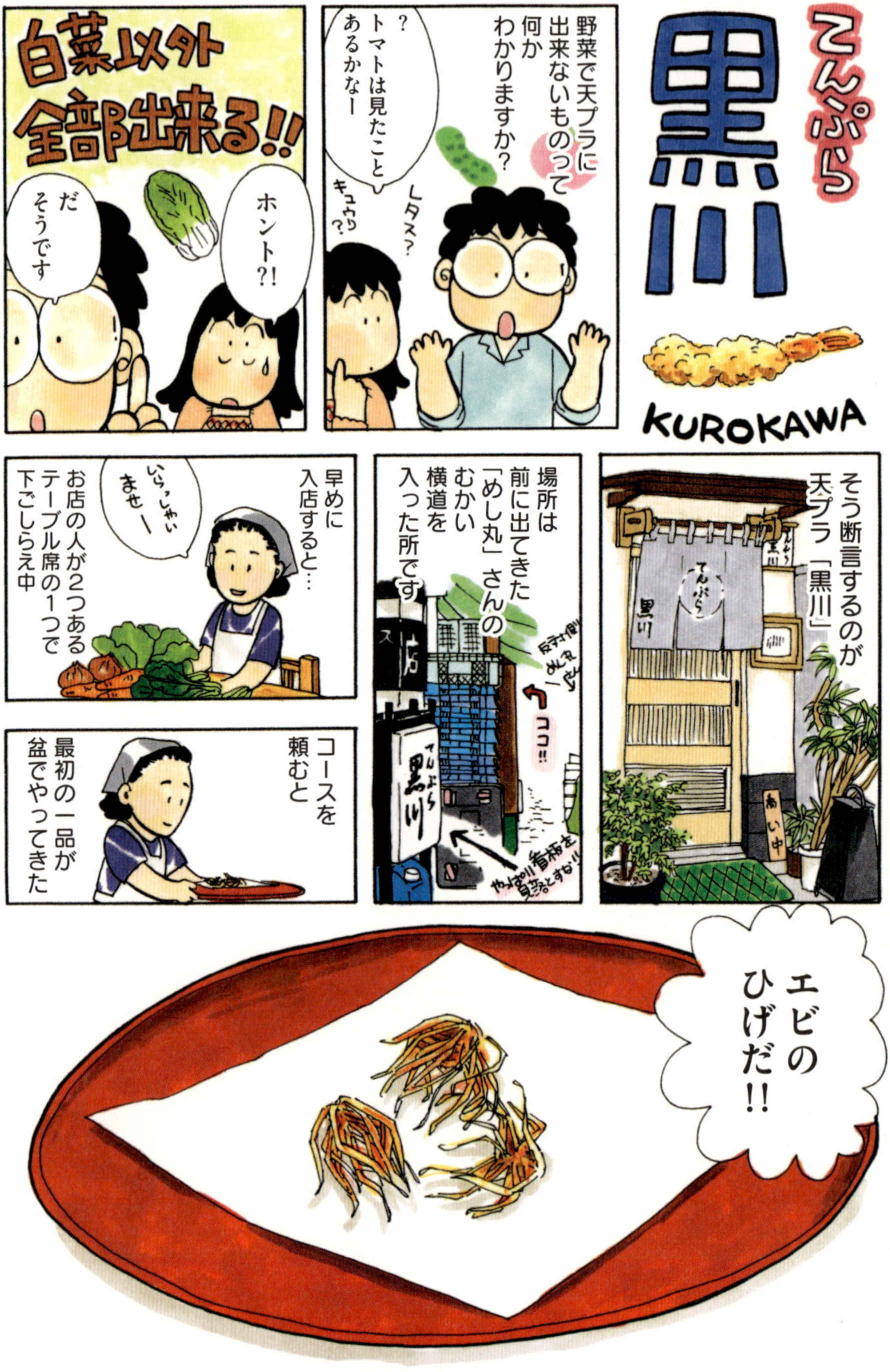
てんぷら
黒川
KUROKAWA
野菜で天プラに出来ないものって何かわかりますか?
レタス?
キュウリ?
?トマトは見たことあるかなー
白菜以外全部出来る!!
ホント?!
だそうです
そう断言するのが天プラ「黒川」
てんぷら
黒川
場所は前に出てきた「めし丸」さんのむかい横道を入った所です
反対側めし丸さん
ココ!!
てんぷら
黒川
やっぱり看板を見落とすな!!
早めに入店すると…
いらっしゃいませー
お店の人が2つあるテーブル席の1つで下ごしらえ中
コースを頼むと
最初の一品が盆でやってきた
エビのひげだ!!

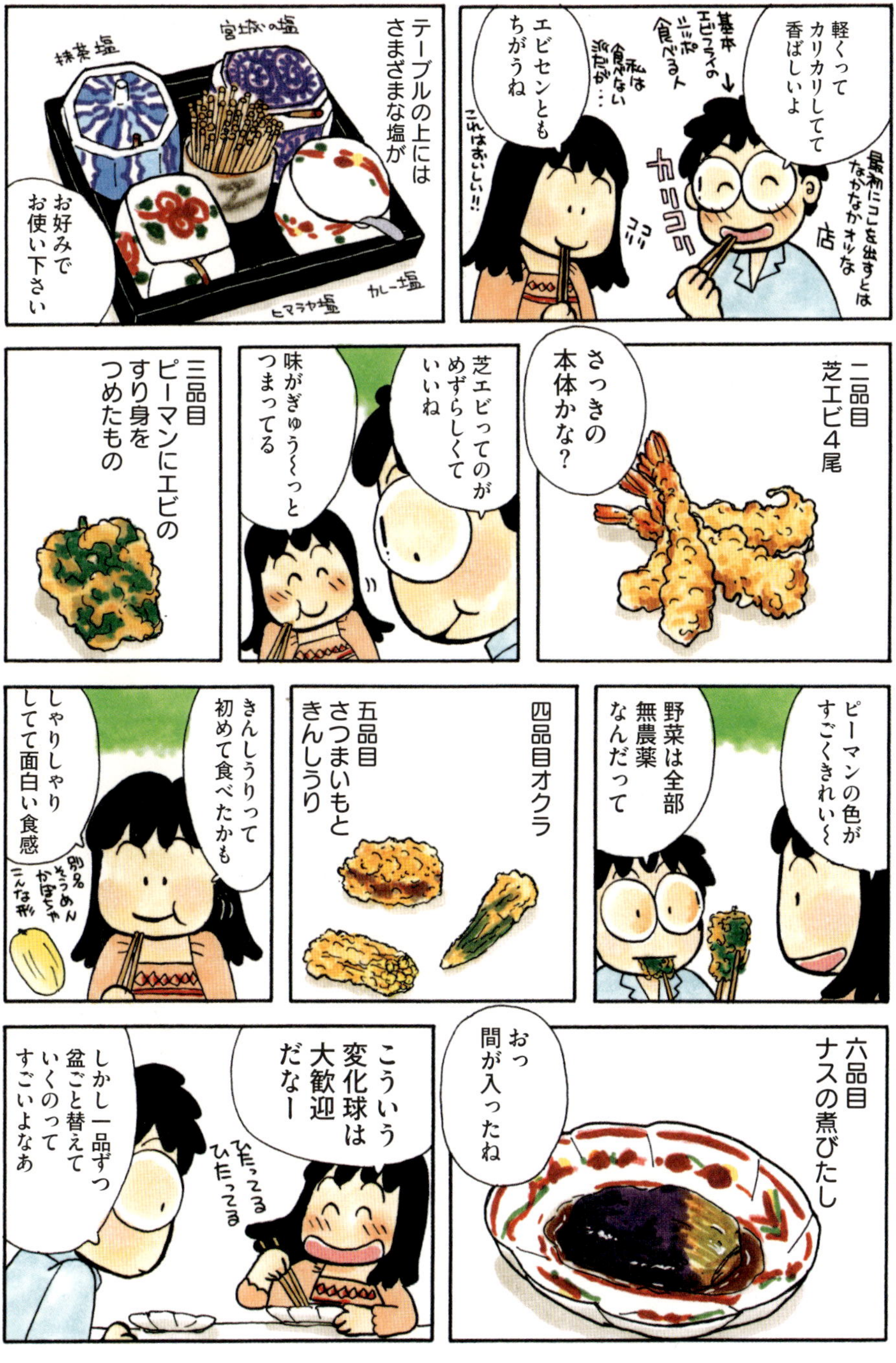
軽くって カリカリしてて 香ばしいよ
基本エビフライのシッポ食べる人
最初にココを出すとはなかなかオツな店
カリコリ
コリ
エビセンとも ちがうね
私は食べない派だが…
これはおいしい!!
テーブルの上には さまざまな塩が
宮城の塩
抹茶塩
カレー塩
ヒマラヤ塩
お好みで お使い下さい
二品目 芝エビ4尾
さっきの 本体かな?
芝エビってのが めずらしくて いいね
味がぎゅう〜っと つまってる
三品目 ピーマンにエビの すり身を つめたもの
ピーマンの色が すごくきれい〜
野菜は全部 無農薬 なんだって
四品目オクラ
五品目 さつまいもと きんしうり
きんしうりって 初めて食べたかも
しゃりしゃり してて面白い食感
別名 そうめんかぼちゃ
こんな形
六品目 ナスの煮びたし
おっ 間が入ったね
こういう 変化球は 大歓迎 だなー
ひたってる ひたってる
しかし一品ずつ 盆ごと替えて いくのって すごいよなあ

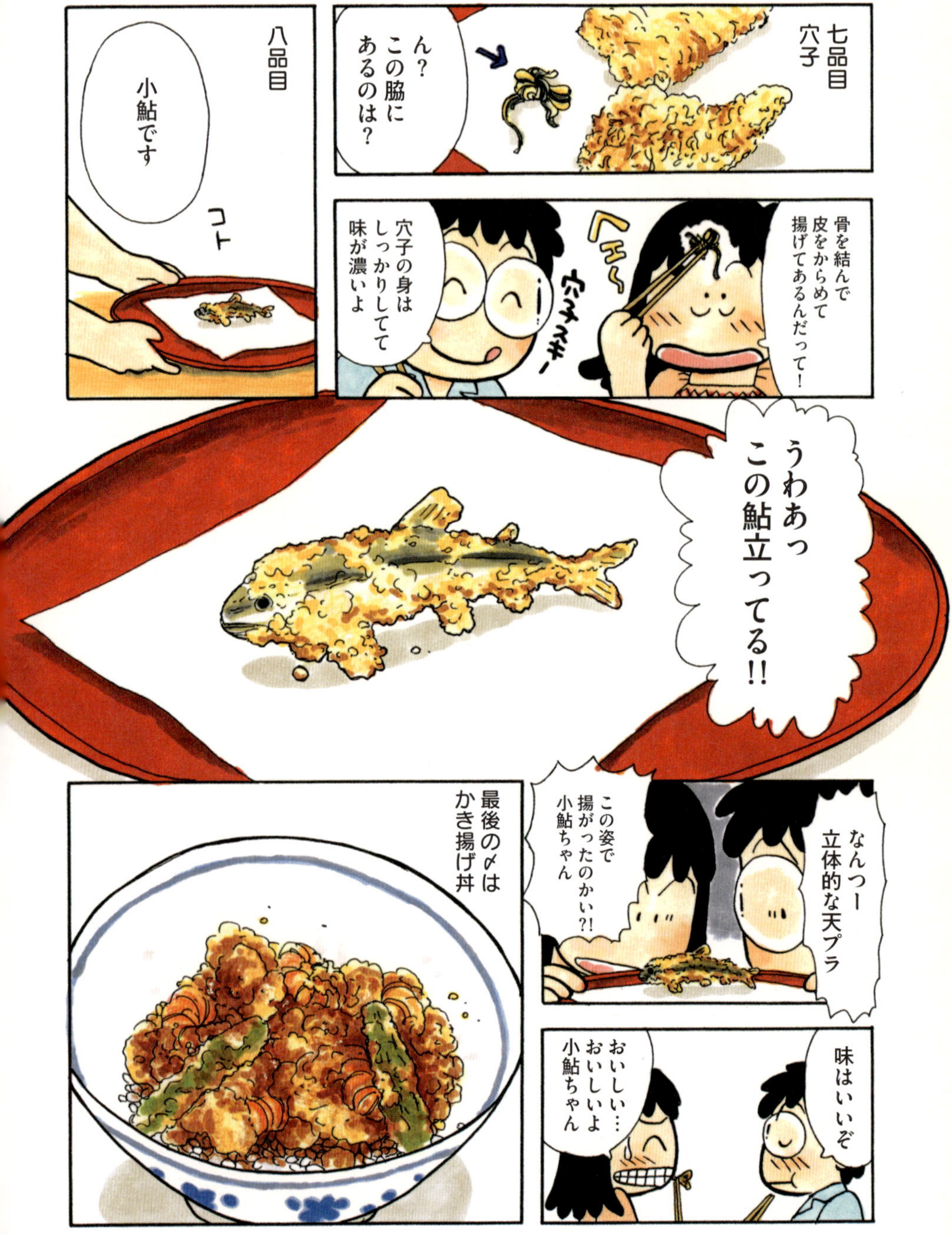
七品目
穴子
ん？
この脇に
あるのは？
骨を結んで
皮をからめて
揚げてあるんだって！
ヘェ〜
穴子スキー
穴子の身は
しっかりしてて
味が濃いよ
八品目
小鮎です
コト
うわあっ
この鮎立ってる!!
なんつー
立体的な天プラ
この姿で
揚がったのかい?!
小鮎ちゃん
味はいいぞ
おいしい…
おいしいよ
小鮎ちゃん
最後の〆は
かき揚げ丼

ホタテがゴロゴロ入ってる!!
ザクッ
カリッ!
ゴロゴロ
まるでかき揚げのごはん添えのようなボリュームだよ
このかき揚げ丼は単品でも頼めるので買い物帰りに食べに来る人も多い
かき揚げ丼ひとつ
ハイ
別の日に行った時に出てきためずらしい天プラ
卵の黄身です
おっ
ぷるぷるっ
ぷにゅ〜
おそるおそる
おわ〜〜
はっはじけそう!!
ふるるるんっ
おはっ半熟っていうよりほとんど「あったかい生の黄身」
とろっ
ぷち
とろろ〜ん
うまいっ こんなの初めて

「白菜以外全天プラ」の真相はまだ未確認ですが
天プラのフトコロの深さにふれることの出来る店です
ちなみに自立小鮎ちゃんは他店にもありますが
黒川はかなりリーズナブルです。

夜は要予約の店。野菜は本当にいろいろで、行くたびにちがう。どうしても野菜に目がいってしまうが、魚介の天プラももちろんうまい。

何の天プラだかわからない。せっかく珍しい天種《てんだね》を扱っているので、教えてほしいところ。

ナベMEMO

黒川〔くろかわ〕
☎03-3544-1988

【場所】	晴海通りと小田三北通りの間の路地
【営業時間】	9:00〜14:00／17:00〜21:00
【定休日】	日・祝
【予算】	1000〜4000円（昼）4000〜8000円（夜）

瀬川
SEGAWA
築地といえば海鮮丼
迫力たっぷりいかにも魚市場っぽいから
迫力もあるし
魚市場＝新鮮で安く
魚がたくさん食べられると
思うのは自然ですが…
でもTVで
紹介されるのを見るにつけて
昔は私もそうだったし…
また
海鮮丼かぁ
たしかにおいしいけど
他にもおいしいもの
いっぱいあるのになー
んだんだ
しかしミニ盛りはすごいね
…とちょっと
ヘソまがりな
状態になって
いました
だがそんな我々に
海鮮丼の
カウンターパンチが!!
まぐろどん
場外にある
「瀬川」
ゴチャゴチャした
通りにあるけど
とっても
清潔感が
あります
メニューは
シンプル
まぐろ
どんぶりと
いまだけ
どんぶりを
2300
円になります
前金制度
です
ヅケ丼だね
まぐろどんぶり
マグロは
そんなに
厚くはないなあ
おお!!
こここれは…

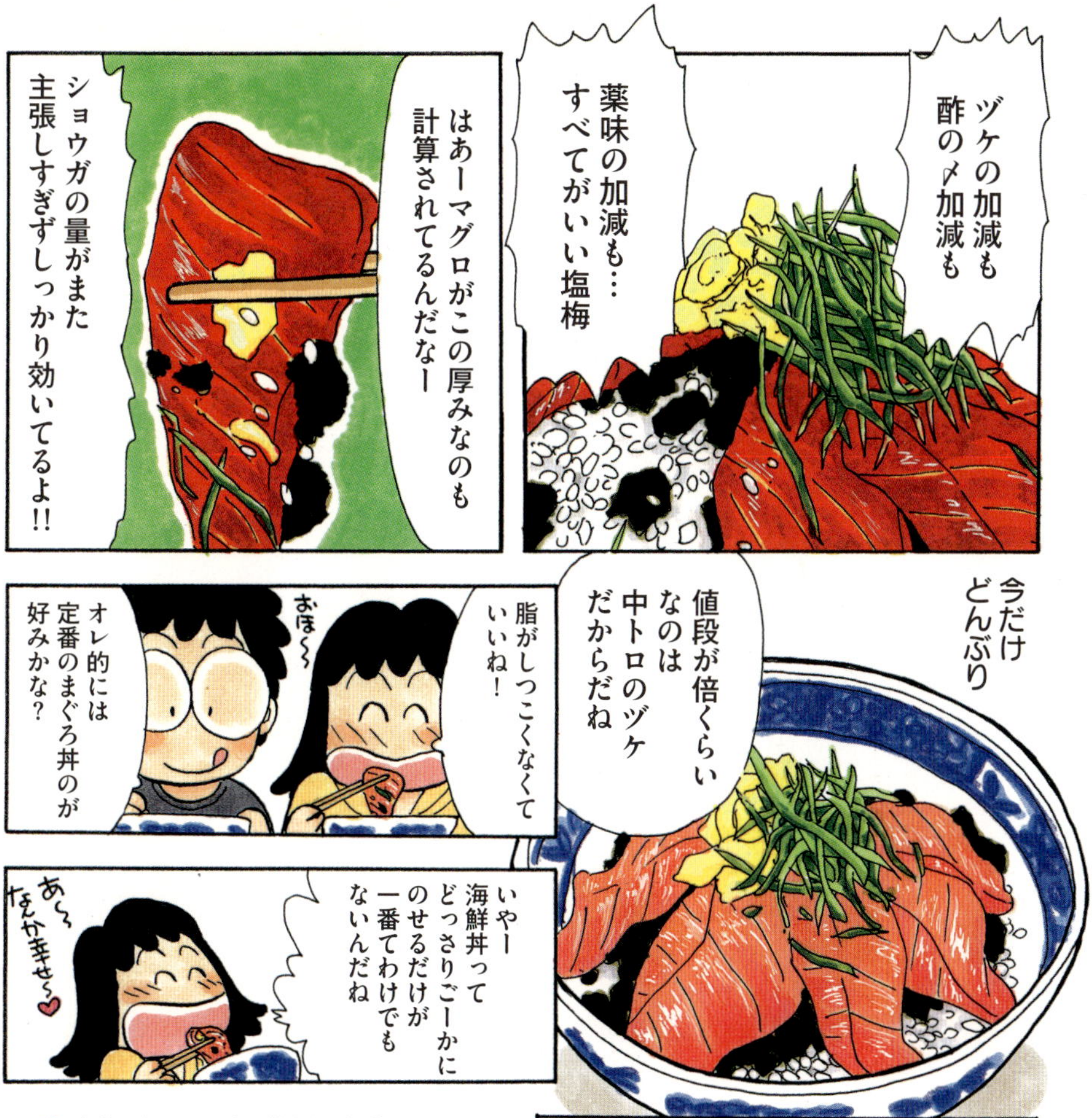
ヅケの加減も
酢の〆加減も
薬味の加減も…
すべてがいい塩梅
はあーマグロがこの厚みなのも
計算されてるんだなー
ショウガの量がまた
主張しすぎずしっかり効いてるよ!!
今だけ
どんぶり
値段が倍くらい
なのは
中トロのヅケ
だからだね
脂がしつこくなくて
いいね!
オレ的には
定番のまぐろ丼のが
好みかな?
いやー
海鮮丼って
どっさりごーかに
のせるだけが
一番てわけでも
ないんだね
あ〜
なんか幸せ〜

海鮮をたっぷり
食べたい人には
向かないかもですが
非常に
バランスのよさを
感じる店です
築地に
マグロありきを
実感!!
ごはんは
ひかえめなので
がっつり食べたい人は
大盛!!をオススメ

ナベMEMO

ヅケ丼のおいしい店は数あれど、「瀬川」のバランスのよさは他の追随を許さない。マグロの厚み、つけダレ、つけ具合、薬味、酢飯が一番いい形に一つの丼でまとまっている。ここのマグロどんぶりはぜひとも食べてみてほしい。

瀬川【せがわ】
☎03-3542-8878

【場所】	もんぜき通り
【営業時間】	7：30～12：30
【定休日】	日・祝・休市日
【予算】	800～1500円

もっと築地あるき❷

多け乃【たけの】

魚のワンダーランドといわれる店。メニューがたくさんありすぎて目移りしてしまう。煮魚、焼き魚、刺身に天プラ、酢の物、丼などなど。店内は短冊が埋め尽くしている。

定番である穴子白焼きは皮がパリッと、身はふんわりとしている。豚の天プラ・豚天《とんてん》はボリュームがある。アラ煮は魚の頭がいろいろ入っている。真っ黒い煮汁にビックリするけど、食べると辛くはない。冬ならまん丸なカキフライ。〆には焼きそばや丼物、チャーハンもうまい。

テーブルに置いてある定食メニューもあなどれない。3点盛りの刺身定食はマグロと白身魚が2種。ミックス天プラ定食もおいしい。

入り口が半分、荷物やビールケースで隠れているし、中では店員同士が怒鳴りあっていたり、お客さんには無愛想だったりするけれど怖《こわ》がることはない。帰りぎわの「ありがとうございました」はちょっと声が高め。

食べたいメニューが目白押しなので、ひとりで行くより気心の知れた何人かで行ってあれこれ注文してつっつき合いたい店だ。短冊には値段表記がなくすべて時価だが、どんどん注文しよう。心配せずともびっくりする会計にはならない。ただし、量のあるメニューも多いのでお腹とは要相談である。

宴会なら2階へ。2階から注文する時は、頼みたい品を書いた紙に洗濯ばさみを重り代わりにつけ、塩ビ管の中に落として厨房に届けるというすごいシステムだ。ビールや冷酒は冷蔵庫から勝手に取って、空きビンの本数で精算する。最初はとまどうかもしれないが、慣れれば面白い。

【場所】場外　晴海通りと小田三北通りの間の路地
【営業時間】11時～21時（土は～20時）
【定休日】日・祝・休市日
【予算】1000～1200円（昼）
3000～5000円（夜）

長生庵【ちょうせいあん】

築地には蕎麦屋が市場内外に数軒、周辺部には何軒もある。その中でもおススメなのが「長生庵」だ。

穴子の天プラでは築地で一番だと個人的に思っている。一押しのメニューは冷やし穴子南蛮蕎麦。穴子の質も処理も最高。添えられたネギの天プラはかき揚

ナベ column

げじゃなく、斜め切りにして揚げたもので、甘さを感じる。このネギ天だけでもこの店にくる価値がある。穴子天は単品でも注文可能なので、ほかのメニューと組み合わせて食べたい。穴子天を単品で注文すると700円くらいして割高感をもってしまうが、それだけの価値はある。

　この店はメニューが実に豊富だ。秋ならきのこ天、春なら春野菜天（山菜メイン）、他の魚介の天プラもおいしい。カツ丼やヅケ丼、玉子丼などとのセットメニューも、もちろんそろっている。

　夜はつまみの豊富な蕎麦屋酒が楽しめる。晴海通りを歩いていると、この店の出前持ちとすれ違うことが多い。

ダシを吸った穴子天最高
おろし
ネギ天3つが美味い
きゅうり千切り

【場所】場外　晴海通りと築地東通りを結ぶ路地
【営業時間】7時～22時／土～15時
休市日 11時～22時
【定休日】日・祝
【予算】900～1200円（昼）
900～6000円（夜）

ととや

鶏の炭火焼きの店。ランチメニューは焼鳥丼、焼鳥定食、つくね焼鳥丼、つくね焼鳥定食、サービス丼、焼鳥そぼろ丼。

　焼鳥はほどよい弾力のある鶏が香ばしく焼かれている。焼鳥丼・定食にはボンジリが入っている。つくねは団子状ではなく、板状に成形して、そぎ切りされている。そぼろにはシイタケ、ニンジン、タケノコがたっぷり入っていてショウガがきいている。

　昼の混雑時には焼くのに時間がかかるため、30分待つこともあるほど。時間に余裕を持って行きたい。

　中盛りはご飯5割増し肉増量。大盛りはご飯2倍で肉増量。ご飯だけ大盛り、肉だけ大盛り、など細かい増量が可能で、もっと細かい注文にも応えてくれる。ただ、メニューの書き方はちょっとわかりづらい。

　この店は90歳を超える大女将《おおおかみ》も名物。いつまでも元気でいてもらいたいと思う。

　夜は「つくね鍋コース」と「串コース」の2つのコースがある。

【場所】場外　晴海通り
【営業時間】9時～14時／17時～22時
【定休日】日・祝
【予算】900～1500円（昼）
3000～4000円（夜）

のり
もも肉
つくねは四角い
サービス丼はスープ付き

鳥めし
鳥藤分店
TORI TO BUN TEN
築地の市場といえば
魚介を思い浮かべるので
ピンと来ないかもですが
肉・野菜などを
扱う店もあります
めずらしい野菜
くだものもいっぱい
「鳥藤」はさまざまな鳥の
さまざまな部位を
扱っている店で
鶏肉のことなら
なんでもござれ
築地鳥藤
うちもよく買いまーす
ご紹介するのは
「鳥藤」が展開する
食事処「鳥藤分店」
ここの看板は
親子丼
ですが
圧巻は
ぼんじり丼!
温泉卵は
別注文です。

ぼ…ぼんじりだけが盛られているぞ!!
焼き鳥屋でぼんじりばっかり頼むような人には夢のような丼だねェ
甘めでごはん軽めだね
PURI
PURI
PURI
PURI
PURI
こんなにぼんじり食べたの初めて…いったいどれくらいの鶏さんのオシリがここに…
親子丼の塩ダレ
なんてのもあるよ
見た目フツーの親子丼
鶏の味がしっかりわかるよ淡白すぎる?と思いきや最後まで飽きない!
比内重〜
比内地鶏のうまみが堪能できるねっ
鶏肉・レバー・砂肝・きんかん ごはんの上にはそぼろ
どこからいこーかな
へへへ…実は「鳥藤」では前から食べてみたかったメニューがあるんだ!
これっ
親子カレ〜〜〜♪♪

なんと!!チキンカレーと親子の合いがけなのだ!!
あれーなんか親子がカレーに味負けしそうじゃない？
でもいいにほひ
ん！
こりゃ全然負けてないよ！
逆にカレーが親子に合わせに来る感じだよ！
こりゃびっくりだ！
別々でもいけるけどむしろ
一緒に食べると両方の味が引き立つよ
カレーはデミグラスっぽくもあるね
おお〜これいけるな〜
中でもわたしがおススメしたいのが
水炊きでーす
水炊き
前は冬限定だったけど今は夏以外はやってます

すべてのメニューについてくる鳥スープがベースの水炊きが
一人前ずつちゃんと出てくる
肉は骨つきとつみれ。白菜もけっこう入ってるのよん
薬味はネギともみじおろし
ポン酢でめしあがれ
ほっ
ほっ
あつあつをひと口ほおばれば
はふ
はふ
口中に広がる鶏のうまみと
濃厚なスープのハーモニー
じゅわぁ〜ん。
そこは天国〜♡♡♡

おいしいメニューはまだまだある。青森シャモロックのすき焼きは、鶏の味がしっかりしてうまい。比内重はキンカンまではいって比内地鶏のおいしさを堪能できる。朝定食はおかずを選べる。

ナベ MEMO

水炊きの幸せにおぼれたければやはり冬がおススメ!!
鳥めしのバラエティーさにかけてはピカイチです!!
焼き鳥丼
ねぎまとすきみ
炭火で焼いた鶏がなんとも香ばしい。

鳥藤分店【とりとうぶんてん】

☎03-3543-6525

【場所】	築地横丁
【営業時間】	7：30〜14：30
【定休日】	日・祝・休市日
【予算】	800〜1300円

築地の秘密基地「小松」

小松【こまつ】

僕がひそかに「築地の秘密基地」と呼んでいる店がある。ひっそりと路地の奥にある店「小松」。この店では何より雰囲気を存分に味わってほしい。まるで、倉庫の奥の片隅で食事をしているかのようなシチュエーションは無二の調味料だ。

築地場外の喫茶店は目立たない所にある店が多いが、「小松」はトップクラスに目立たない。最近になって本やネット上で紹介されるようにはなっているが、それでも観光客は全く訪れない。魚屋と八百屋の間にある袋小路のつきあたりに、ほかの店の棚や箱の山に埋もれるようにして、カウンターらしきものが覗き見られる。初めてなら躊躇《ちゅうちょ》することうけ合いだが、勇気をもって路地を分け入ってほしい。その奥に秘密基地「小松」はある。

カレーやナポリタン、サンドイッチ、焼きそばなど軽食メニューが多いが、一番のおススメは定食。この店はほとんどが常連さんで、何もいわなくても定食が出てくるという人も多い。つまり定食はこの店の主力メニューなのだが、なんと、メニューにのってない。じゃあ、常連客用の裏メニューなのかというとそうでもない。主力メニューをメニューにのせない店。なぜ。なぜだろう。

定食はメインのほか、玉子料理（目玉焼きとか、オムレツとか）、小鉢が2～4つ（2と4では倍違うけど）、お新香、ご飯、味噌汁といった構成。メインや小鉢は一度に出てくるのではなく、用意のできたものから出てくるシステムだ。小鉢の数があやふやなので、今日は何品なのか、食べ始めてもわからない。

初めての訪問時、看板にあるコーヒーとカレーをいただこうかと思ったら、今日はまだカレーは出来ないとのこと。勧められるまま値段もわからず定食を頼んだ。ご飯、味噌汁、目玉焼きが出てきて、「コレだけか、質素な定食だなあ。これでいくらなんだろう」と思いつつ食べていたら、小鉢がひとつ出てきた。食べているとさらに小鉢がもうひとつ。そして煮魚が出てきて「定食らしくなったなあ。これでそろったのか」などと思いつつ食べていると、また小鉢が出てきた。狭いカウンターが皿だらけになって、「もう終わりだろう」と思っていたら、さらに小鉢が出てきて面食らった。「いったいいつまで続くのか」と思っていたら、これで全部だった。

そうかと思えば、小鉢は2つの時もある。品数はメインの料理を見て、今日は少なそうだ、多そうだと想像するしかない。親父さんは無言で料理を出してくるので、親父さんがくつろいだ表情を見せたら「これで全部かな」と思うだけ。このゆるさがいい。

勘定を頼むと700万円とか、さらに脱力させてくれる。今どき、なかなか聞けないセリフだ。

定食以外のメニューもたくさんある。

これだけ?
目玉焼き
キャベツ
ごはん
つけもの
味噌汁
あとから
小鉢
小鉢
あとから
煮魚
メインがここで
さらに出てくる
小鉢
小鉢
一度に出さないのは
せっかちな築地人がすぐに食べ出せるようにするためかな?

ナベ column

るので、参照してほしい
コーヒーはサイフォン式。「小松」のコーヒーをあなどってはいけない。ここは定食屋ではなく喫茶店なのだ。「今日の定食は何？」とは聞かないほうが楽しめる。築地でごちそうが食べたい人には向かないが、ここにはここでしか味わえないものがある。いい味出しています。築地は奥が深い。

【場所】場外　築地東通りから入った路地奥
【営業時間】6時～15時
【定休日】日・祝・休市日
【予算】300～1000円

今日は休みなの？いいなあ　オレなんか
ずっと腰が痛くてさあ
700万円
7万円だったり
700万両だったりする
今どきなかなか聞けない
ぐちの多い
マスター

ここのメニューに定食はない
手前には他の店の大量の箱
明るい電球がかえって周囲のうす暗さを助長する
浜作
ここに2人掛テーブルがあるが人が座っているのは見た事がない
このハートマーク何？
コーヒー&カレー
食事処（小松）
1年中ある扇風機
喫茶食事　小松

築地
粋
三代
IKI
築地交差点のむかいにある共栄会ビル
市場が閉まる夕方頃
ビルの下にそっと出てくるこの看板
ビルの中はみんなお店を閉めていてシャッターだらけ
その中に突然あらわれるこの光景
ここが「粋」なのです
店のまん中にどどんとかまえるこのケース
このケースのまわりがテーブルになっているのです
うぉー迫力ある
なんとなくケースにつかまって飲んでる気分になるなー

魚屋の陳列棚にむかってるみたいで面白い♡
この陳列棚というのは本当で実は並べてあるものは買うこともできるのです
いいネタがかなり安く買えるので買い物に来る人も多いです。
あさり 300g
いろんな産地のカキを選べるみたい
《絶品：粋の牡蠣》
牡蠣西京味噌バター焼 一個 450円
本日の岩牡蠣
でもどれがどれかわかんないー
じゃこの焼きガキと西京バター焼きにしようか
ジュワワ
本日は 岩手県 釜石産
じゃあ西京味噌バター焼きを…
カーーーン
なんだこりゃあああ
カキと味噌が見事にマッチ!! うますぎっっ

カキって火を加えると華麗にその姿を変えるんだなー
生ガキ
ナチュラル系の生まれたてのスッピン少女
ちょっと成長しておしゃれも上手になりました
こんな私はオ・キ・ラ・イ?
スゴイスゴイスゴイ
おかわりおかわりおかわり
バン
バン バン
わかったわかったでもせっかくだから生ガキもいこう
このセットすごそーだけどいってみる?!
超特大岩牡蠣《鳴門の巌 15年》と《畔蛸 8年》
ェアしてもOK!
2,480円
15年ものって…?!
どおん
徳島県産
鳴門の巌 15年もの
畔蛸《あだこ》 8年もの
三重県産
うわっ…
このカキの色この貝の厚み!!
みっしり なんと1cm以上…!
これこれ見て見て見て
この中に15年が…15年が…
きんちょー

オギャー 15年前にここで生まれ
娘時代もずっとここですごし…
この15年…わたしゃずっとこの海を見守ってきたんだよ…
しじみ
凝縮《ぎょうしゅく》!!
鳴門の巌《いわお》には「スゴイ体験」をさせてもらいました…
あまりの迫力に…歴史負けしそうだ…
ビンテージ→食べつけないん
がんばれっ
〆はカレー茶漬けだ!!
カレー茶漬け?!
天然真鯛や芝海老の頭を煮込んで出汁をとったそうです.
魚のダシがきいてて さら〜っとしてるから 一杯ペロリと いけちゃう
まさにお茶漬け
〆にカレーって考えたなー
壁には食べごろの魚の表がはってあります
もちろん他のお料理もバツグン!!

全国からその時期の真ガキ、岩ガキを集め、一年中カキが食べられる店。周囲の店舗が営業を終えた後に開店し、客が増えるとビルの通路に発泡スチロールなどで客席を作って店舗を増殖させていく。

ナベ MEMO

時間がたつと通路にイス・テーブルが出てきてお客さんがどんどん増える
夜もとれたての旬が楽しめる店です!!
他のお店は閉店後なので 境界線は
この日は巨大スチロールの箱を机がわりに

粋【いき】

☎03-3545-5552

【場所】	築地共栄会ビル１Ｆ
【営業時間】	17：00～22：00
【定休日】	日・祝
【予算】	3000～5000円

冬の牡蠣《かき》百景

寒くなってくるとカキが食べたくなる。夏の岩ガキもいいけれど、やはり真ガキは冬がシーズン。冬に築地へ来るとカキが食べたくなるから不思議だ。カキには魔力があるのだろうか。

築地ではカキを多彩に食べさせてくれる。和食屋も、洋食屋も、ラーメン屋も、蕎麦屋も、カキをそれぞれのメニューで出している。ここでは場内・場外のカキメニューを紹介する。

「たけだ」のカキバター

「たけだ」の絶品しょう油ベースのソースとバターを、小麦粉をまぶしたカキにたっぷりとまとわせれば間違いなくうまい。個性の強いカキの風味にまったく負けず、ベーコンのうまみも増強でご飯が進む。

トッピングでカキフライ半分をつけて、このソースで食べればなお感激。最強のカキメニューだ。残ったソースは、キャベツの千切りにからませて食べよう。

「高《たか》はし」のカキ豆腐

大ぶりなカキがゴロゴロと7~8個。やさしい味わいの味噌仕立てで磯《いそ》の風味がいい感じ。

豆腐、ネギ、えのき、マイタケが入っている。

冬でも週に1度か2度の登場なので、見つけたら必食すべし。もち豚の入ったスペシャルバージョンがあったら超ラッキーだ。必ず注文しよう。

「磯野家《いそのや》」のかきめし

大と小がある。大だと上に3つ、中に2つ、ふんわりと煮たカキが入っている。カキと茶飯の相性がいい。ゆずの千切りがアクセント。

ラーメンやうどんとセットにすると少し安くなる。小だと中に入っているカキは1個。

「多《た》け乃《の》」のカキフライ

まんまるのボールのようなフライの中にはカキが2~3粒。2個のまとめ揚げはあっても、3個は珍しい。インパクトの大きい名物料理だ。

「やじ満《ま》」のカキラーメン

アッサリとしたラーメンのスープは鶏ガラベースの塩味。麺はストレートの細麺。カキは片栗粉をまとってソテーされており、つるっと食べてしまえる。カキのほかにはニラ・玉ネギ・キクラゲ・タケノコなんかが入っている。

「粋《いき》」のカキの西京バター焼き

カキのメニューでここは外せない。「粋」はカキを中心として、産地による食べ比べができるし、春や秋なら真ガキと岩ガキの食べ比べもできる。

カキと味噌の相性がいい。味噌とバターの相性もいい。その3つが一緒になると、こんなにも強いうまさを生む。ほかの魚の西京焼きもバター焼きで試したくなるが、味の濃いカキが一番合いそうだ。

「長生庵《ちょうせいあん》」のカキそば粉天そば

夏でもカキが食べられる貴重な店。

ナベ column

カキの天プラは別皿。そば粉の衣で揚げてあり、カリッとしていて香りがいい。ほかにも熱カキ、カキせいろ、カキ天プラ、カキフライセットなどがある。運が良ければ、カキ天カレーそば、なんてものまである。

「豊《とよ》ちゃん」のカキフライ

カキフライとカキの玉子とじ。そのハーフ&ハーフもある。磯の風味はやや強め。ここの玉子とじは本当にうまい。

「小田保《おだやす》」のカキバター&カキフライ

カキバターとカキフライの組み合わせなら「小田保」もおススメ。ここなら、ハーフ&ハーフで頼める。「たけだ」よりシンプルなバター焼きなので、カキをストレートに味わうのにいい。フライにはタルタルがつく。

冬限定のタラ豆腐にカキを入れてもらうことも可能だ。

「米花《よねはな》」のカキ味噌煮

こってりとした味噌の土手煮風は深い味わい。築地でカキの土手煮風は珍しい。ネギがすごくいい味で、脇を固める。ウナギ屋だけに焼き物がうまいのはもちろんだけど、この店は煮物が滅法うまい。

いつもあるメニューではないので、これに出会えた人はラッキーだ。

「東都《とうと》グリル」の牡蠣フライ

カキフライ・カキバター焼き・カキ鉄板焼きがそろう店。バター焼きはタルタルつき。鉄板焼きは味噌系の濃い味付け。

「禄明軒《ろくめいけん》」のカキフライ

安くカキフライを食べたいならここ。近所のサラリーマンの味方だ。カキバターは名前の通り、カキをバターで炒めたもの。

「かとう」のカキ豆腐

カキ豆腐なら「かとう」もぜひ。素材の味わいを重視した昆布ダシのすまし汁仕立てで、体も心もあったまる。カキ豆腐が目立つが、カキフライもある。

「八千代《やちよ》」のカキフライ

フライの雄「八千代」にはもちろん、カキフライがある。タルタルとの相性はバツグン。他のフライとの組み合わせも自由だ。ただし、カキバターはない。

「富士見屋《ふじみや》」のカキ南蛮そば

カキと蕎麦のダシのコラボ。磯の香りがいい。ゆずの香りが強くそれがカキと香りで勝負している。

【場所】 場内　10号館
【営業時間】 6時30分～14時
【定休日】 日・祝・休市日
【予算】 600～1000円

「北《きた》の旬《しゅん》」「めし丸本店《まるほんてん》」の生ガキ

場外の「北の旬」や「めし丸本店」では生ガキをその場でむいて食べさせてくれる。

ナカトウ食品
NAKATO SYOKUHIN
築地でこれだけ食べてるとさすがに夜は
まだオナカ減ってない…
消化できん…
あそこで食べたあれとあれは食べすぎだったかも でも食べたかった
かんだから満足
てなことになるのでなかなか鮮魚などは買えない
そこでよく利用しているのが「ナカトウ食品」
ナカトウ食品
ここは魚介類の西京漬、粕漬の店
さば
さわら 西京漬 1切 263
キングサ 西京漬 1切 310
ケースにどっさりつまってる!!
デパートではなかなか目に出来ない光景だなー
小さな店がまえ見渡しやすい棚でも種類豊富で目うつりします!
しかも安いっ
一番よく買うのがメダイとさわら
味噌をさっと落してグリルで焼きます
きっちり落とさなくてもいいのでそれも楽でいいんです
すぐに食べない時は冷蔵で3〜4日冷凍で1か月は保存できるのでおかずに困った時も最強の味方に!!
冷蔵
冷凍
冷蔵にはお店で包んでくれる新聞紙のまま
冷凍する時はラップで小分けしてビニールに入れて
お弁当のおかずにも!!

ジュウウ…
おわーーうまっっ
これごはんのおともに最高!!
甘み噌のの具合のほどよさが見事!!
味噌がくどくなくてこりゃ絶品だな!
この他にもギンダラやアジなどさまざま
かめばホタテのうまみがひろがるよ!!
おススメはホタテの貝柱!! さっとあぶれば酒の肴にぴったり
贈り物で人様にさし上げてもよろこばれ
あん美味し〜〜高かったでしょ?
オホホホ
ナカトウのいをかるわたし
宅配は店頭で受け付けてもらえます
株が上がります

とかいいながら実はまださわらの切り身とメダイとどっちがどっちかわからない!!
「築地あるき」にあるまじき…
あはあはあは
どっちも同じくらいおいしい!!
でも大丈夫!! 迷った時は両方買おう!!
えっ? オレに聞かないで…

西京味噌は京都から取り寄せていて、みりんを使っていないのが特徴。上品な甘さがたまらない。脂が控えめな魚の方が、味噌の味わいを感じられておいしい。いろんな種類を試したいけど、冷凍するとどれがどれだかわかりづらくなるのでメモ書きが必要。

ナベ MEMO

ナカトウ食品【なかとうしょくひん】

☎03-3543-1445

【場所】	築地横丁
【営業時間】	6：00～15：00
【定休日】	日・祝・休市日
【予算】	250～2000円

野口屋
NOGUCHI-YA
子供の頃 豆腐は豆腐屋さんで買うものだった
パァ〜
プィ〜
がんもと木綿〜
その後はスーパーで買っていた
でーん
私の地元名古屋の豆腐はとにかくでかかった
広告の品 よりどり2コ 78円
豆腐は安く買う食品の代表格だった
こだわってるお店が出来ても
とうふ
さぞかしおいしいんでしょうがねェ高いからしょっちゅうはねェ
その後TVでこんなニュースを見かけた時も
GINZA
銀座でなんと若い女性がリヤカーで豆腐を売り歩いているのです!
ヘエー
うーん でも女の子を使ってるってのはねらいとしてどーなんだ?
などといっていたわたし
アルバイト先では
パァ〜…
プァ〜…
あれ?
あのラッパは
お豆腐屋さん…?めずらしいですねェ
プァ〜
そうとう時々きこえるのよねェ
でもたいして気にもとめず…
そんなわたしが…
あっちあっち!!
何?
何?何があるって言うんだら
ついに出会ってしまったのです

豆腐の「野口屋」に!!
ここの豆腐おいしいんだって!!
へーエー
場所は場外市場
あっ豆乳だよ
ペットボトルで売ってる!!
豆乳 1本 200円
2L豆乳 1本
わぁ ざるにごま…
いろいろ種類があるんだね
ざる豆腐 1丁 350
旨やっこ 1丁 420円
木綿と絹を食べ比べてみたい!
食べ比べ好き・2種類ある時はあたりまえ・全部食べてみたら
木綿豆腐 350円
絹豆腐 350円
じゃあ買おう あとは?
豆乳もいっときたい やっぱり
油揚げ
豆乳〜
たぷんっ
おおっ濃いな!
見るからに濃いベージュ色
本当に豆腐が出来る前って感じだー
一気に飲んじゃうのもったいないなー

それまで豆腐なんて
こだわってなかったから
では
木綿いって
みましょう
こんな豆腐は
ぜいたく気分
ぷるん。
木綿と絹は
2つに分かれていて
小分けに
出来るのが
なにげに
使いやすい
最初は何もかけずに
食べてみてって
いってたね
おっ 切る時
手ごたえ
すごいなこれ
おっと
ぱく
ぼわん。。
ぽ
ん…
何?!
うわー
口の中いっぱいに
ひろがる
大豆ワールド
まめです
まめだぜ
まめなの

うまーい!!
おヌシ何やつ?!
これは冷やっこだーーっ味噌汁にはもったいない
寿屋さんのセルドフレーク
塩でもいけるよ
もちろん味噌汁に入れてもグッドよー
こっちのごまも食べてみたーい
ぱかっ
プチ
プチ
プチ
プチ
お
わ
うわっ ごまが香ばしい
このプチプチッ楽しすぎるっ
こうしてわたしたちは野口屋ワールドに足をふみ入れてしまった
野口屋ってリヤカーで引き売りしてるらしいよ
あちこち行ってるらしい
えっ あじゃあ あの銀座の?!
プァー
ポァー
アルバイト先で聞いたのも野口屋?!
ゆば 豆腐 築地 野口屋
実はうちの近所にも来てくれていた時期がありました
パァ〜
プォ〜
引き売り要員は女の子ばかりではありませんでした
——結果
定期的に買い冷蔵庫にはいつも野口屋
「野口屋を切らしたことがない」超ぜーたくな毎日
まいどー

最近は近所を通らなくなってしまったのでせっせと築地で買っています
保冷バッグをもって
豆腐はかさばるけどなんのその
でもずっとラッパを気にするクセがつき
プアー
はあっ
今でも反応してしまうのです
木綿・絹
↓我が家の定番選手
冷蔵庫にない日の方が少ない。
木綿
絹
すごーくしっかりしています。
塩・しょうゆ他オリーブオイルやポン酢など何かけてもよし
もちろん料理にも万能。
春秋限定 旨やっこ
旨やっこ
いい塩が手に入ったらさっとかけてつるりといただくこの幸せ♡
ざる豆腐
しっかりしているのになめらか。
これも野口屋の代表作。
お友達にススメるのにもよい。
かごは洗って持っていくとリサイクルしてくれます。
油揚げ 3枚入り
しっかり開く油揚げ
いつも買って冷凍庫にストックしています。
厚揚げ 木綿と絹があります
フライパンで油無しで焼いて
豆乳ソフトクリーム
大人気。
高野豆腐 野口屋のはこのまま食卓に出せます。
味がしみておいしい。
ごまよせ 白・黒があり白が好みです。
ナッツのプチプチ感がクセになります。
↑築地本店のみで販売

ナベMEMO

この豆腐が一番好き。他の豆腐よりダントツでうまいので買い続けている。一番好きだった湯葉豆腐がなくなったのが残念。引き売りも来なくなった。あれは大変な仕事なので、仕方ないか……。

品ぞろえが豊富で、マンガで紹介したほかにも、透《と》ろり湯葉、手掬《てすく》い湯葉、葛《くず》ごま豆腐、豆乳パン、ざる揚げ、うのはなコロッケ、うのはなカレーコロッケ、四季がんも、豆腐ステーキ、豆乳入り卵豆腐、黒糖豆腐、たまごかけ卵、手延べそば、典座麺《てんざめん》、小粒納豆、大粒納豆、生芋こんにゃく、生芋板こんにゃく、甘酢らっきょうなどの定番食品や季節の限定品も多数ある。

ていねいに作られた豆腐はしみじみうまい。大豆の味がちゃんとする豆腐は、それだけで食べてもおいしい。値段が割高に感じるかもしれないが、それだけの価値がある。店頭で試食もできるので、ぜひ試してみてほしい。大豆の味わいに驚いたなら、買ってみて。

野口屋
〔のぐちや〕
☎03-3544-8812

【場所】
築地東通り
【営業時間】
5:00～15:00/日祝は9:00～
【定休日】
休市日
【予算】
250～1500円

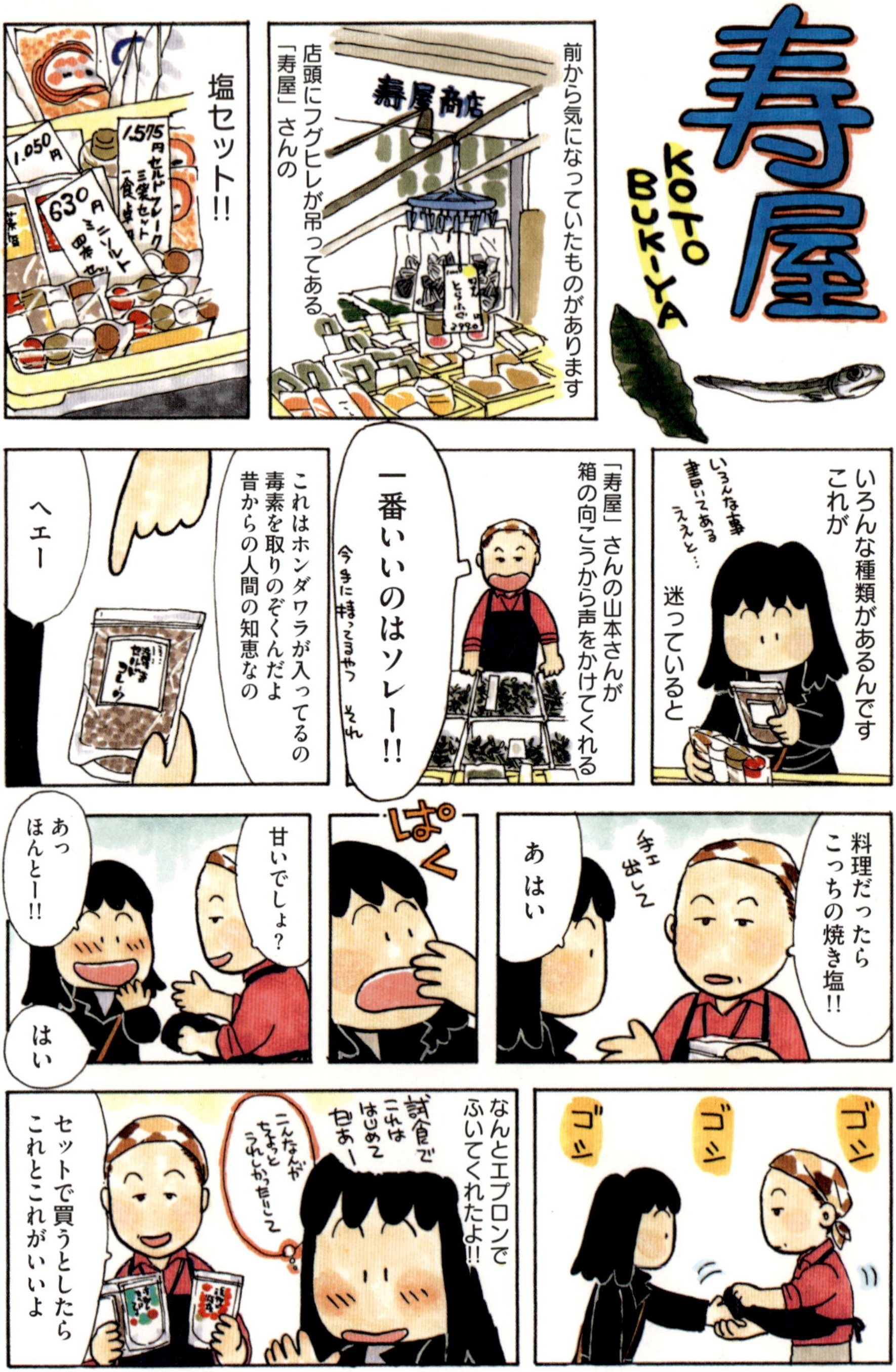
寿屋
KOTOBUKIYA
前から気になっていたものがあります
店頭にフグヒレが吊ってある「寿屋」さんの
寿屋商店
塩セット!!
1,050円
630円
いろんな種類があるんですこれが
いろんな事書いてある ええと…
迷っていると
「寿屋」さんの山本さんが箱の向こうから声をかけてくれる
一番いいのはソレー!!
今手に持ってるやつ それ
これはホンダワラが入ってるの毒素を取りのぞくんだよ昔からの人間の知恵なの
ヘエー
料理だったらこっちの焼き塩!!
手ェ出して
あ はい
ぱく
甘いでしょ?
あっ ほんとー!!
はい
ゴシ
ゴシ
ゴシ
なんとエプロンでふいてくれたよ!!
試食でこれははじめてだあー
こんなんがちょっとうれしかったりして
セットで買うとしたらこれとこれがいいよ

ピンクロックソルト(岩塩)
パキスタンの岩塩を砕いた塩
何にでも。
Pink Rock Salt
浜御塩
セルドフレーク
抹茶など
いろいろ
まぜるのに
便利。
3袋セットなので
今回は焼塩のみ
別に購入。
浜《はま》御塩《みしお》
セルドフレーク
長崎県対馬産
浜《はま》御塩《みしお》
焼塩
小ビン入りもあり
つめかえても使える。
お土産にも
ぴったり!!
浜御塩焼塩
料理に最適
サラサラで
まろやかな塩
藻塩セルドフレーク
アラメ・ホンダワラが入ってる。
何にでも つけたりかけたり。

ほかにも
海藻や
エビなど
乾物は
ありとあらゆる
ものがそろいます
桜えび

明太いわし煎餅
酒のサカナに何か
欲しい時にピッタリ。
ピリッと
香ばしい。
口を
あけたら
止まらなく
なる!!

ゆずピール
ゆずのドライフルーツ
ゆず
らしい
香りが
いっぱい!
ついつい
つまんで
しまう

そ の時々に応じた、一番いい煮干しはもちろん、昆布や粉末ダシの種類は豊富。上物がそろう。乾物の種類がとにかく多くて、見ていて楽しくなる。迷ってしまうほどだが、聞けば何でも教えてくれる。イカの肝ごと干したゴロイカも人気の商品。

ナベ MEMO

煮干しの品ぞろえも充実!!
今の時期は
これが一番いいの
味わかる?
本当にわかる?
他とどう違うか
言ってみな
うますぎるんで
ダシっていうより このまま
オヤツで食べちゃい
そうなんですけど…
お店の人の人情も感じる「寿屋」さん
ぜひのぞいてみて下さい

寿屋商店［ことぶきやしょうてん］

☎03-3542-8981

【場所】	築地東通り
【営業時間】	4：00～14：30
【定休日】	日・祝・休市日
【予算】	500～2000円

江戸一飯田
EDO ICHI IIDA
「江戸一飯田」は
豆腐の「野口屋」さんの
お向かいあたり
大豆 製造工場直販売
江戸一本店
佃煮をよく買う人なら
おなじみの屋号ではないでしょうか
店頭では
その時の旬の出物が
目に
飛びこんできます
おっ 新物の生あみだって
試食も出来る
どうぞー
うまいー
まちがいないね!!
むふーーん
エビも
うまそう
なんと
いっても
佃煮は
ごはんの親友
とりあえず
買っておいても
邪魔にならない
ヨシ買っとくか
気楽に衝動買いしても
常温でも持ち歩けるし
その奥に
一膳用の小パックの
佃煮
ちょっと一膳分
佃煮
150
佃煮が小分けされていて
しかも150円!!
ちょっと食べたい時
お土産で配る時も
便利な大きさと値段
一膳佃煮
しじみ
しじみは
定番中の定番
ごはんがススム!!

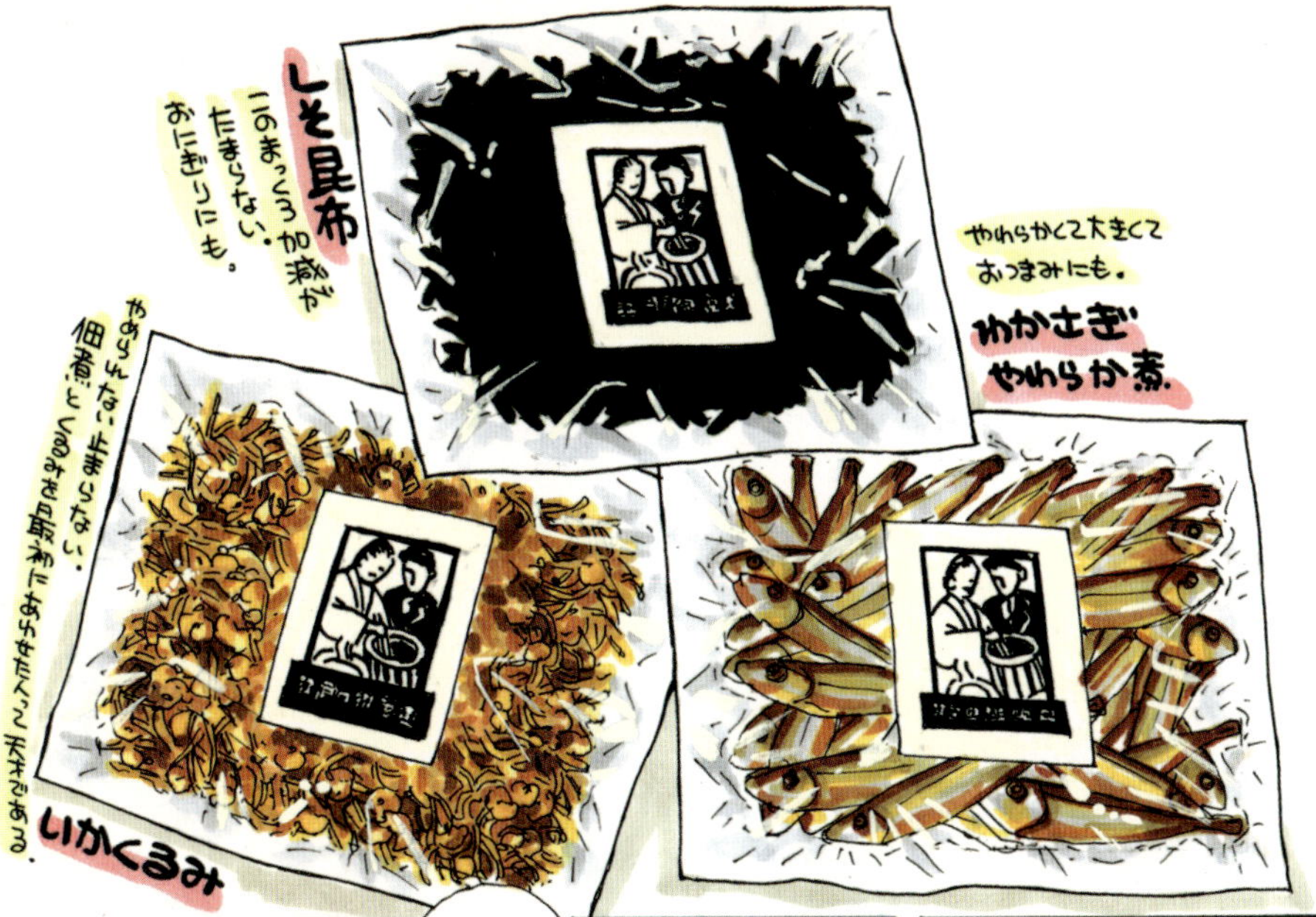
しそ昆布
このまっくろ加減が
たまらない。
おにぎりにも。
やわらかくて大きくて
おつまみにも。
わかさぎ
やわらか煮
やめられない止まらない。
佃煮とくるみを最初にあわせた人って天才である。
いかくるみ

すべて試食可能
あーこれも
いける
こっちはわたしが
好きな味
これは○○さんが
好きそう
ぱ
ぱ
ぱ
全部買いたくなっちゃう
でも全部買うと
お金が
……
気になったのは次の時
買うとして じゃあ今日は
何を買おうかな
もっかい
確認♡
試食リターンズ。
というのも
可能
でも限度が
あるので ある程度にしましょう!!
ぱ

その奥には
豆類の販売棚が
奥にひかえめに
鎮座しているけど
これがあなどれない
おいしさ!!
こだわりの一品ですよ
煮豆
1¥420
黒豆
うまいよ!!

佃煮は味見して、好みを探そう。浜だき生のりは、のりの味が濃くおススメ。

お多福豆もおいしい。煮豆各種も味見してから購入できるので試してほしい。

土曜日は佃煮が２パック500円となるので、ねらいめだ。

ナベMEMO

江戸一飯田【えどいちいいだ】

☎03-3543-5225

【場所】	築地東通り
【営業時間】	8：30～14：00
【定休日】	日・祝・休市日
【予算】	500～1000円

買い物、築地徘徊《はいかい》中

安達屋豆腐店《あだちやとうふてん》

「野口屋」以外でもう一軒、築地でよく行く豆腐屋がここだ。

夏期限定の枝豆豆腐がおいしい。淡い緑の色も鮮やかで、ちゃんと枝豆の味がする。

藻塩《もしお》を使った藻塩おぼろもおいしい。桜豆腐やよもぎ豆腐、抹茶豆腐は黒蜜が付いたデザート豆腐となっている。

鳥藤《とりとう》

鶏肉の専門店で大山《だいせん》鶏を中心に、比内《ひない》地鶏、名古屋コーチン、阿波尾《あわお》鶏、川俣《かわまた》シャモなど、地鶏、銘柄鶏がそろう（アイガモやダチョウ・馬・ワニもある。鳥肉の仲間扱いなのか）。

わが家では鶏肉はここで手頃な大山鶏を買っている。店頭で焼いている焼鳥もいい。

中川屋《なかがわや》

漬物の種類がとにかく豊富な店。沢庵は20種類以上あるが、なかでもべったら漬が名物。

定番もののほかにミョウガや玉ネギ、メロン、かぼちゃ、さくらんぼなど、珍しい漬物もある。試食させてくれるものも多い。

細谷商店《ほそやしょうてん》

塩と砂糖の店。モンゴルの岩塩「ジャムツダウス」や「駿河《するが》のあらしお」、能登の「珠洲《すず》の海」、韓国の「百済《くだら》の塩」など塩マニアにとっては楽しい店。個人的には「海人《うみんちゅ》の藻塩」がお気に入り。

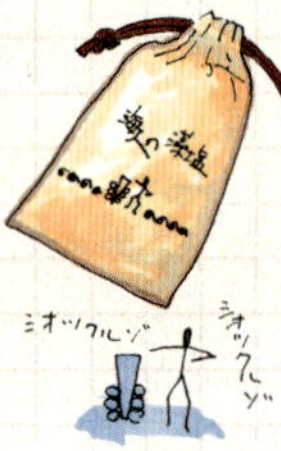

十一屋総本店《じゅういちやそうほんてん》

試食が豊富な漬物屋。業者向け販売が多いためか、ここでナス一本とかを買うと「え?」みたいな顔をされる。でも、ちゃんと売ってくれる。

ベジタブル石橋《いしばし》

野菜と果物が種類豊富な八百屋。ここにくると季節を感じる。家庭で使うには若干、量が多い。

この店の周辺は場外で一番混む場所だ。年末やイベント時は迂回《うかい》したほうがよい。

山勇《やまゆう》

寿司の材料つながりで、築地には玉子焼きの店が多い。場内場外だけではなく、本願寺裏あたりにも玉子焼きのおいしい店がたくさんある。

「山勇」の玉子焼きはダシがきいていて、いくらでも食べられる。甘さがやや強いが「渡辺商店」も大変おいしい。もっと甘いのがいいなら「玉友《たまとも》」だ。

お土産として買うなら、デパ地下進出も多く有名な「松露《しょうろ》」。甘さ控えめしっとり系の玉子焼きだ。ふわふわ系が好きなら「丸武《まるたけ》」もいい。

角山本店《かくやまほんてん》

湯葉、生麩《なまふ》の店。ここの麩饅頭《ふまんじゅう》は大のお気に入り。もっちりとした独特の食感が至福だ。青のりの香りと餡《あん》が奏《かな》でる絶妙なポイントをついた一品。

スギヨ　とと一《いち》

能登の水産加工品がそろう店で、魚の

ナベ
column

干物類が豊富。カラスミや塩辛・いしるも良品が並び、お土産品を買うことも多い。実はカニ風味カマボコの元祖でもある。

コウチ・マーケット

高知のアンテナショップ。以前は高知ローカルフード「ぼうしパン」を売っていた。ほかにもゆずを使った調味料や四万十《しまんと》のりなど、高知のおいしいものがいろいろそろっている。いもけんぴやダシパックもよく買う。

つきじ入船《いりふね》

錦玉子がおいしい。正月料理の錦玉子はここで買う。ほかに伊達巻《だてまき》やよせ物などがある。

場外に和菓子の店「笑楽《わらく》」を出店している。小さい和菓子の詰め合わせ「しあわせ小箱」や手作り最中・わらびもちが評判だ。

秋山商店《あきやましょうてん》（共栄会ビル）

銀シャリおにぎりがおいしい「秋山商店」は、漬物の卸《おろし》だ。色々な漬物があるけれど、その内６種類ほどを陳列ケースに入れ、３種盛りで販売しているので、試し買いにいい。お気に入りが見つかれば、大きなサイズで買おう。

とにかく
おにぎりは
一度食べてみて

築地乾物《つきじかんぶつ》

ここではよく味噌を買う。山形赤こし味噌がお気に入り。暑い日は味噌が店頭に並んでない。味噌の他にもいろいろある。

フローズンショップ丸二《まるに》

ジャムがうずまき状にからむソフトクリームがおいしい。機械からバニラソフトとジャムが一緒に出てきてとぐろを巻く。こういうの、他に見ないよなあ。

ジャムが一緒にとぐろを巻く

秋山商店《あきやましょうてん》（築地東通り）

漬物の卸の「秋山商店」と同名の店。わが家では「秋山」でかつお節を買っている。なぜだかわからないが、築地には「秋山」という店が多い。

常陸屋商店《ひたちやしょうてん》

調理器具の店。品ぞろえはさほど多くはないが、面白い商品が多い。おかんメーター（お酒の温度をチェックできる温度計）を売っている。

ようやっと
ぬるかんや
あつかんに
するんで?
上かんにするんで?
イメージ図
おかん
メーター

三宅水産《みやけすいさん》

わが家では築地で鮮魚を買うことはまれ。つい築地で3食・4食と食べてしまって家での夕飯がいらなくなることや、銀座などへ寄り道してしまうため、魚が傷まないか心配なのが主な理由だ。そんな中、魚を買う数少ない店のひとつがここだ。もっと魚を調理したい。

ナベ column

もっと築地あるき❸

虎杖【いたどり】

「虎杖」と書いて「イタドリ」と読む。市場では珍しく、日曜日や夜もやっている。系列店が多く、「虎杖」表店・裏店・南店・東店・喰《くらう》のほかに裏店別館と魚河岸千両が場外にあり、ほとんど寿司屋と海鮮丼屋。もともと京都だし、軽井沢にも支店があり、おばんざいや信州の野菜に強みをもつ。

　メディアへの露出が多くて、とくに海鮮ひつまぶしはよく登場するが、この店ではカレーうどんをおススメする。

　小エビ天や穴子天をのせたクリーミーなカレーうどんはとてもおいしい。ずっと表店でうどんを出していたが、ランチ時のうどんは裏店に移ってしまった。夜、表店で注文することは可能らしい。

　夜はおばんざいを出す居酒屋となる。僕はここで生まれて初めてフジツボを食べた。カニっぽいところとウニっぽいところがあり、おいしい。

【場所】 場外　もんぜき通りと築地西通りの間の路地
【営業時間】 10時～16時30分
17時～23時
日月祝は昼のみで閉店時間が変わる
【定休日】 なし
【予算】 800～1500円（昼）
5000～6000円（夜）

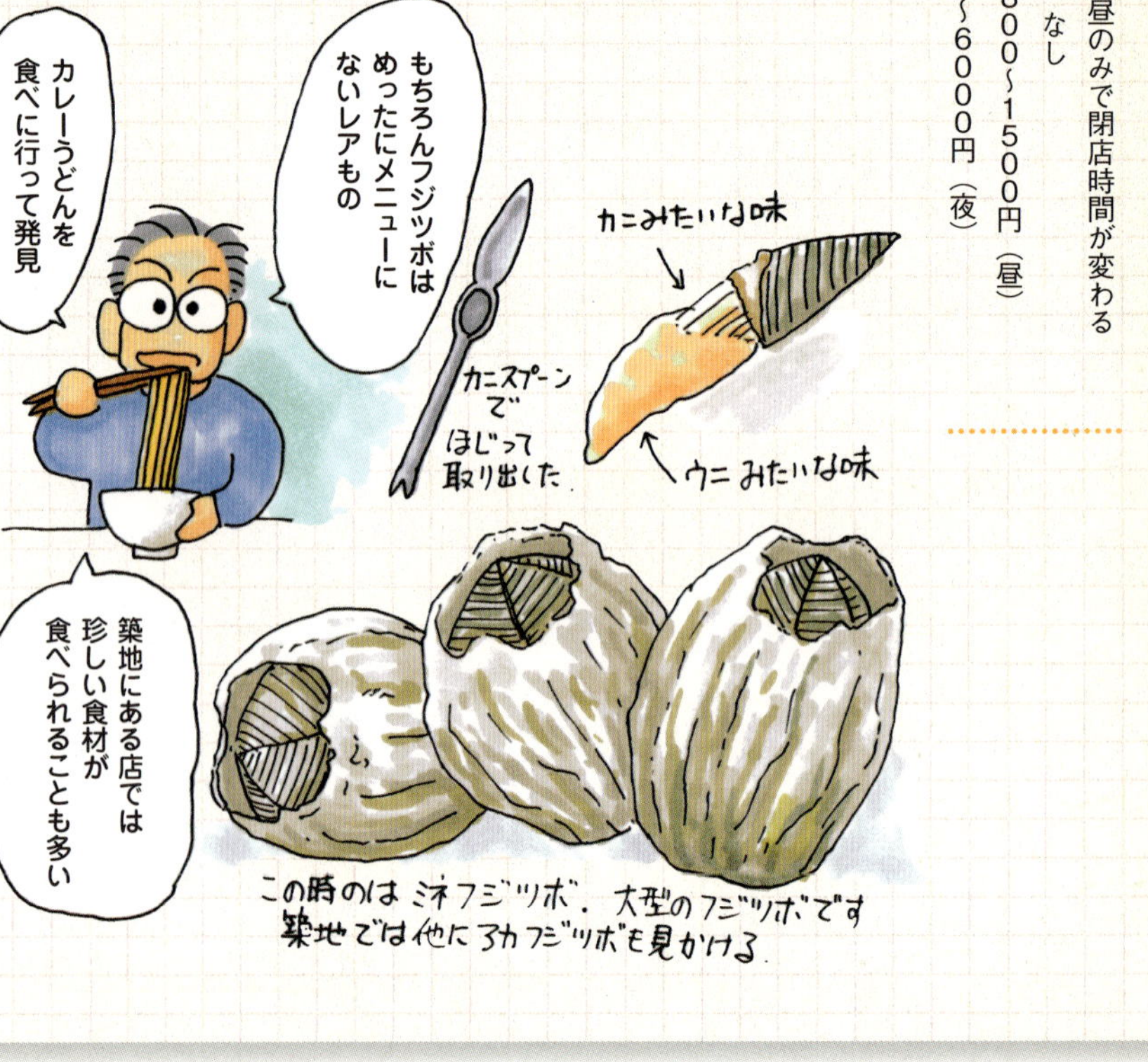
もちろんフジツボはめったにメニューにないレアもの
カレーうどんを食べに行って発見
カニみたいな味
ウニみたいな味
カニスプーンでほじって取り出した
築地にある店では珍しい食材が食べられることも多い
この時のはミネフジツボ．大型のフジツボです
築地では他にアカフジツボも見かける

3章

別腹はひとつでも多く作っておけ

周辺あるき

ボヌール・ドゥ・パン

Bonheur de pain

ただ今 8時15分
今なら間に合うな…
よっしゃ行くぞ
急いだ先にあるのは
「ボヌール・ドゥ・パン」
開店時間につけた〜♡
本願寺裏手にある
この小さなパン屋さん
パン棚は店先にあるぐらいで数はたくさんないのです
おはようございますー
なのでつい…
わぁー会えた時に買っておこう!
あれもこれもそれも
いっぱい買ってしまう
2310円ですー
エヘヘ
小さな店先に後から続々入ってくるお客さん
男性客も多い
うぉあ〜
ありゃ30分ももたないかも…
一番最初に来た時は9時半に着いて
えっ8時半開店で?!
からっっ
すみません今日はもうこれだけで

全粒粉
チョコパン
でも今日は大収穫～
いいながめ～
胡麻とチーズ
メイプル
カスタードクリーム
いちじくと赤ワイン
パンは白生地がベース
もっちもち ふわっふわ～
この生地ほんとおいしいんだよー
この全粒粉 甘い!! 全粒の甘さがダイレクトに伝わってくるよ
ふわん
ふわん
ゴマとチーズ
クリームとチーズ
チーズがとってもマイルド。
クリームチーズの風味が絶妙！おすすめです!!
いちじくと赤ワイン
カスタードクリーム
ぎっしり感あり。ワインの練りこまれた生地の所々にいちじくが。
卵っぽさたっぷり!! カスタードはクリームとプリンの間ぐらいの感じ。
あんぱん
こりゃめずらしい!! こしあんと思いきや少し皮が残されてるよ
チョコパン！
このチョコのかたまりがチョコ好きにはたまらないー
上にのってるのはピーナッツだよ

今はパン１種類につき、３個までの制限がある。近ごろは、開店後30分ほどで売り切れてしまう状況だ。一人でやっているので作る量にも限界があるのだろう。量産しない、ていねいに作られたパンたち。開店時間ぴったりを目指せ！

ナベ MEMO

メイプル
ほわゆわん
一番好きですー
しあわせ～な気分になれるよ～
早朝売り切れ必至 早めに行こう

ボヌール・ドゥ・パン

☎03-5550-2777

【場所】	築地７丁目
【営業時間】	8：30～売切終了
【定休日】	土・日・祝
【予算】	110～2000円

築地のパン屋さん

木村家《きむらや》

【場所】場内　1号館

あんぱんで有名な木村屋とは無関係。ここのロースかつサンドはシンプルながらバランスがとてもいい品。

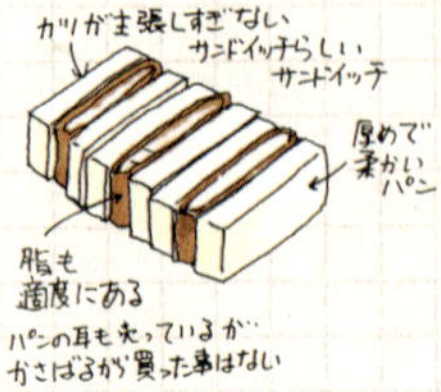

ル・パン

【場所】場外　波除通り

いい香りに誘われる。クロワッサンやパイ、惣菜パンなど種類が豊富で、主力のあんこクロワッサンはスイス・ヒューシュタント製。築地ではほかに築地きまぐれ屋とカフェプランドルで食べられるけど、ここだと焼きたてを食べられる可能性が高い。ほかに白あんやチョコ又はイモや栗など季節のあんこを使ったクロワッサンもある。

築地木村家《つきじきむらや》

【場所】場外　築地東通り

あんぱんで有名な「木村屋総本店」ののれん分け「築地木村家」の2号店。

もちろんあんぱん類には定評がある。けしあんぱんや季節のあんぱんなど種類豊富で、試食が多いのもうれしい。懐かしいシベリアもある。

築地《つきじ》気《き》まぐれ屋《や》

【場所】場外　小田三北通り

手作り感あふれるサンドイッチ類。コーヒー130円はマクドナルドを除けば市場最安値だろう。

玉子・ハムチーズ・ポテト各サンドイッチやおにぎり各種も130円とやたらと130円が多い。ここにもあんこクロワッサンがある。

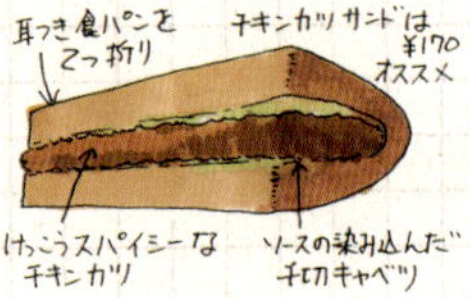

和田久《わだひさ》

【場所】場外　共栄会ビル1F

まぐろメンチサンドは寿司の竹若製で、ツナを成形してカツにしたもの。

トミーナ

【場所】場内　1号館

パン屋ではないがぜひ紹介したい。ソーセージはピザ用の窯で焼いている。パンはトースターで焼く。カリッとしたパンとパキュッとしたソーセージの食感がいい。

キャベツの千切りと玉ネギのみじん切りをはさんでから焼いているので、水分が飛んでいる。

小田三南通りの「つきじ人」でもサンドイッチやホットドッグが買える。「センリ軒」のヒレカツサンドなど、他にも喫茶店のパンメニューはテイクアウト可能なものが多い。

ナベ column

もっと築地歩き④

脂の津波に
のまれるぞ

かつ平【かつへい】

この店の名前はしばしば「池波正太郎の愛した」という枕詞《まくらことば》で語られる。池波正太郎と言えば、食へのこだわりにあふれた作家。なるほど、この店のロースカツはうまい。

ロースとヒレとがあるが、僕は断然ロース。「かつ平」のロースカツはすごいのだ。

まずこのロースカツはでかい。厚みはないものの、その大きさには無邪気にはしゃいでしまう。

そして脂が多い。またその脂が甘い。1100円のカツでこんな脂のうまいカツが食べられるのはうれしすぎる。舌で押すとつぶれる脂身が、みるみる甘い汁へと変貌していく。

衣は粗めで、柔らかい豚と相性がいい。脂と油でかなりの重量級。脂好きに捧《ささ》げる逸品だ。

カツカレーは小さいカツ（他店では一般的な大きさのカツ）に、甘めでゆるめのカレーがかかった、カツが主役のカツカレーだ。他にヒレカツ、エビフライもある。お新香が別注文なのは少し残念。

市場で食事してからこの店に行くのは覚悟が必要だ。僕らは朝飯で満腹になった後、さらにおやつとしてトーストまで食べてからこの店を訪問したことがある。結果はいわずもがな。満腹になったお腹は夜になっても張ったままだった。この店は空腹時に訪れたい。

【場所】 築地6丁目
【営業時間】 11時30分〜14時30分
17時〜21時
【定休日】 第2土・日・祝
【予算】 1000〜1200円

丸静【まるしず】

「かつ平」の隣の路地を入るとウナギのおいしい店がある。ウナギは注文してからさばくのではなく、蒸しの前まで下ごしらえができている。以前、築地の「宮川本廛《みやかわほんてん》」で食べた時は注文して1時間30分待ったけど、ここはそんなに待たない。

ウナギの大きさ、量により造《みやつこ》・直《あたい》・連《むらじ》・臣《おみ》・尊《みこと》・王《おおきみ》と名がついている。「値段で言ってくれればいいんだよ」とご主人の威勢のいい声がかかるが、歴史好きとしてこれは読みたい。

小さめのウナギが入荷しないときは造がない。僕らはだいたい直と連。それでもご飯が足りなくなるウナギの量。

肝吸と香の物がつく。彩りのいい香の物が6種盛りというのはうれしい。

【場所】 築地6丁目
【営業時間】 11時30分〜13時
17時30分〜20時
【定休日】 日・祝
【予算】 2000〜4000円

一に曰く
和を以て
貴しとなし
ウナギを
食せよ
メニュー名は
冠位十二階に
由来

コリント
CORIMTH
市場の前にそびえる
朝日新聞社
この社屋のおとなり
浜離宮ビルに
ひっそりとたたずむのが
フルーツにこだわる
「コリント」
コリント
CORIMTH
ここの名物は
パンケ――キ
でかっっ
ぎゃははははは
視野からはみ出る…

フルーーーツ
どん。
生クリーーーム
どどん。
メープルでーす
生クリームもあるのにシロップもついてるとはこれいかに？
ど…どこからとりかかろう…フルーツと一緒に食べるのが正解？
さすがにフルーツがおいしいっ
きちんと選ばれたフルーツがこの量ってサービスよすぎなんじゃ…
これ率まちがえると生クリームあまるかな？
パクパクパク
あでもねェ両方かけるとまたちがった味わいがあるよ
ボリュームがすんごいねー
まちがっても市場でたらふく食べてから来ちゃダメだね
ふ〜〜
パンケーキの種類もいっぱい
PCって書いてあるけど
パソコンじゃないよ
あたりまえだけど…
パンケーキ
32. プレーンPC
33. バナナPC
34. フルーツPC
35. コンビーフPC
36. ツナサラダPC

バナナパンケーーキ
盛りつけがちがう
フルーツの時ははさんでなかったバナナがなぜこれでははさんであるのか?!
ぜひ推奨したい食べ方なのでは?!
あるいはバナナの時はきっとはさみ忘れにちがいないという予想を前提のサービス?!
IN
フランクフルトパンケーーキ
朝ごはんがわりにぴったり
小倉パンケーーキ
なんとっ
もはやこの大量の小倉にも動じなくなってきた
シロップ3種類出てきたぞ
トッピング登場
シロップスリー
シロップメンバー増強だ!!
あっ この緑のはまっ茶だよ
メロンかと思った
あとひとつはハチミツね.
おー小倉+生クリーム+まっ茶で和菓子テイスト
うまーい
プリンアラモーード
やっぱり生クリーム大サービス的な
これもかなりスゴイね
まん中で主役のはずのプリンがまわりに迫力負けぎみ

そもそも フルーツ系なのに 食事レベルの ボリュームってのは？
ランチセットに あるぐらいだから 食事ってことで いいのでは？
でも聞く所によるとなぜかみんな食後に行ってるツワモノばかり！
え？今日どれだけ食べてるのかって？
いやー なぜか わからないけど コリントに 行っちゃうん です
食後になぜか あの大量のケーキとクリームを 思い出しちゃうんだよねェ
コリントのコピー
決まりだな。
「あなたの別腹 広げます」
近所の人は出前をたのんだりするそうです
おまたせしました
自分でたのんだくせにおどろく
うわあ あああ
ワク ワク ワク
出前でアレが来る光景はすごそうですが ちょっとうらやましいぞ

市場の敷地内じゃないのに その異彩の放ちっぷりから 目が離せない
ドリンクヨーグルトの バナナ
バナナジュースの ヨーグルトバージョン. まろやかです.
どうしてスプーンが ついているのかと思ったら 底の方にブルーベリーが 丸のまま入ってました.
美味と迫力の タッグマッチ それが「コリント」だ!!

軽食メニューもいろいろそろうが、特筆すべきはやはりパンケーキだろう。

ほかに気になるメニューは200%ジュース。うかがうと、「100%の倍のフルーツを使っている」とのこと。とにかく濃いジュースだ。

ナベMEMO

コリント

☎03-3542-9885

【場所】	築地浜離宮ビル２Ｆ
【営業時間】	9:30～18:00／土は 9:00 ～
【定休日】	日・祝
【予算】	500～1000円

もっと築地あるき⑤

キッチンカミヤマ

築地の街中に、独特のオーラを放つ洋食屋がある。それが「キッチンカミヤマ」だ。

店の内外に昭和前半の新聞マンガを髣髴《ほうふつ》とさせるイラストがたくさん貼ってある。座席はU字形のカウンターのみで15席ほど。厨房の弟さんとカウンター内のお姉さんでやっている。

この店のメニューはすべて量が多い。一般的な店の大盛りより多いくらいだ。市場の中には、がっつり食べられる店も多いが、市場から少し離れたこの場所で、学生街でもないのになぜだろう。量が多いと、それだけでもうれしくなってしまう。

メニューがまた、面白い。ロシアンカレー、四川カレー、スパハン、カレスパなどなど。気になる名前が並んでいる。オーダーを厨房に伝える際に略語を使うことはよくあるが、ここではそのままメニューに書いてあるのだ。

「ここのカレーはハンガリアンシチューグーリッシュスタイルでほかの店とは異なる」と、壁に書いてある。調べてみると、グーリッシュとは、ハンガリーを代表する煮込み料理なのだそうだ。牛肉、ジャガイモ、ニンジンを赤パプリカの風味を生かし、煮込むものらしい。夏にはカレーは中近東南部スタイルになる。

まずはロシアンカレー。注文するとものの1分ほどで出てくる。ご飯とカレーは別々の皿に盛られている。普通盛りでご飯は500~600gくらい。ルーはさらに多く、深い皿になみなみと湛《たた》えられている。知らずに注文したらその量に驚くだろう。カレーにはサワークリームとトマトがのせてある。このあたりがロシアンなのだろう。これに限らず、この店の料理はバジルの香りが強い。

四川カレーは、てっきりトウバンジャン入りかと思いきや、カイエンペッパー入り。四川とカイエンペッパーって唐辛子つながりだろうか。

スパハンはスパゲティとハンバーグ。スパゲティは量がやはり多い。味付けはトマトとバジルで、オリジナリティあふれる味だ。かなりソースがゆるい。ハンバーグは挽肉と玉ネギのかたまりを煮込んだといった感じ。鶏卵よりひとまわり大きいくらいのかたまりで結構食べごたえがある。

カレスパはカレースパゲティ。ラーメンどんぶりみたいな器にカレーがよそわれ、やはり大量のスパゲティが入っている。カレーが余るのでご飯の追加をおススメする。

ロシアンカレー
腹いっぱい食べる幸せ

ナベ column

チャーハンフランクは炒めフランクフルトが3本のったチャーハン。玉子が半熟状でご飯とからまっているため、独特の食感になっている。ご飯だけでも多いのにしっかり具だくさんで、肉・ハム・しめじなどなど、大満足の食べごたえだ。チキンピラフはコッテリ味。これをおかずにご飯が食べたくなる。

ショウガ焼きにもトマトが使われていて、ほかにはない味だ。ドレッシングとマヨが出されるが、野菜は大量のショウガ焼きのタレに浸かっているので、ほとんど使わない。

ほかにもカツカレーなど、見ただけで楽しくなれるこの店の名物メニューがたくさんある。そして、この店だけがもてる存在感や雰囲気がこの上なく楽しい。

【場所】 築地2丁目
【営業時間】 11時30分~14時30分
【定休日】 土・日・祝
【予算】 800~1100円

魚竹【うおたけ】

平日だけの店。昼は定食、夜は居酒屋。店内はカウンターだけなので、開店してすぐに満席になってしまう。座席がかなりきゅうくつで、横の人とも間隔が狭いし、後ろを人が通るときも狭い。だけどそんなことも気にならない良店だ。

昼の定食は焼き魚・刺身を中心に6種くらい。最初に行った時はわらさ照り焼き（カマ）とサバ塩焼き（2枚でびっくりした）。いつも焼き魚を注文してしまう。どれもボリュームがあり、ご飯が進む。なので、ご飯の大盛りやおかわりがサービスなのはとてもうれしい。味噌汁のおかわりを頼むと一杯目とは具の違う味噌汁が出てくる。これもなにげにうれしい。

焼き魚は焼き置きというか先行してどんどん焼いている感じ。注文してすぐ出てくるが、焼き置きとは思えない魚が食べられる。それもメニュー数がしぼってあるからこそだろう。1000円以下でこれが食べられるのだからありがたい。こんな店が職場の近くにあるといいな。

【場所】 築地2丁目
【営業時間】 11時~14時／17時~22時
【定休日】 土・日・祝
【予算】 800~1300円（昼）
4000~6000円（夜）

ランチ時は店の外に有るこのメニューを必ずチェック
一、さば塩焼 八〇〇円
店内の短冊メニューは夜だけだ

喫茶
ひよ子
HIYOKO
築地に行くとなれば
朝と昼食いたい!! 最低2回楽しみたい!!
2連食があたりまえ
その2食の間はどうするのかというと 「築地で買い物」 あるいは 「ちょっと足をのばして銀ブラ」 はたまた 「どこかでお茶するか」 です。
銀ブラファッションと築地あるきファッションは
かぶらない…
そんな築地あるきの心をそっと受け止めてくれる
それが「ひよ子」
見るからに昭和から時が止まったかのような外観とインテリア
喫茶ひよ子
喫茶ひよ子
ええ…っと メニューは…
あああああれあれあれあれ
あれじゃ?!
コーヒーゼリー250円?!
アイスココア250円?!
うわさではコーヒー150円らしい…
レーベリージュース
ココア ¥250
コーヒーゼリー¥250
ちゃんとしてるよ…
150円って… ここ○トールじゃないよね?! ちゃんとした喫茶店だよね?!
カフェオレ 180円
このカップすっごいレトロでかわいいっ

ううーーん
ここはホットサンドも
うまいらしいんだよなあ
たぶんこの分だと
そーとー安いぞ…
気…気になるねそれは
お茶だけのつもりだったのに…
結局 たのんで
しまった…
塩入れもキュート♡
270円だよ
おい…
ハムあつくて
うまあ〜い
ぱく
ぱく
ねェオレ
さっきたしか
築地で
食ったよね？
そして
この後も
食べる
普通のカフェオレ180円で
アイスカフェオレ230円って
生クリームの分かな
それでも
充分安い
古いけれどきちんと手入れが
いき届いている
ゆったりとした店内
お店をやっているご夫婦も
とても上品で
常連さんが多いのも
うなずける

常連さんに大事にされている喫茶店。メニューを見ずに注文する人が多いため、言わないと出してもらえない。僕らはしばらく通って初めてメニューを見せてもらい、そのメニューの多さにびっくりした。いつまでも元気でお店を続けてほしい。

ナベMEMO

ひよ子【ひよこ】

☎03-3543-5776

【場所】	築地2丁目
【営業時間】	6:30〜18:30／土は〜17:00
【定休日】	日・祝
【予算】	150〜600円

わたしのお気に入りは
ブルーベリージュース
さっぱりしてて
たっぷり入ってて
ベリー感も
ばっちり!!
他にパインジュースや
スカッシュもある
紙おしぼりが
出てくる所もレトロ
バターは
ぬってあります
マーマレード
トーストは100円
半切り4枚で
ボリューム十分

㐂楽鮨
KIRAKUZUSHI
築地本願寺うらの「㐂楽鮨《きらくずし》」
市場とはガラリと変わって閑静なふんいき
元は場外にあったお店がここに移転したらしいです.
中はわりあい広い
なので すいていると ちょっと きんちょー…
きょど きょど
わたしたちのお目当ては
あいなめです
まこがれいに なります
おにかさご です
こち です
白身づくし!!
すずき
おにかさご
いさき
こち
あいなめ
まこがれい
まだい
おこぜ

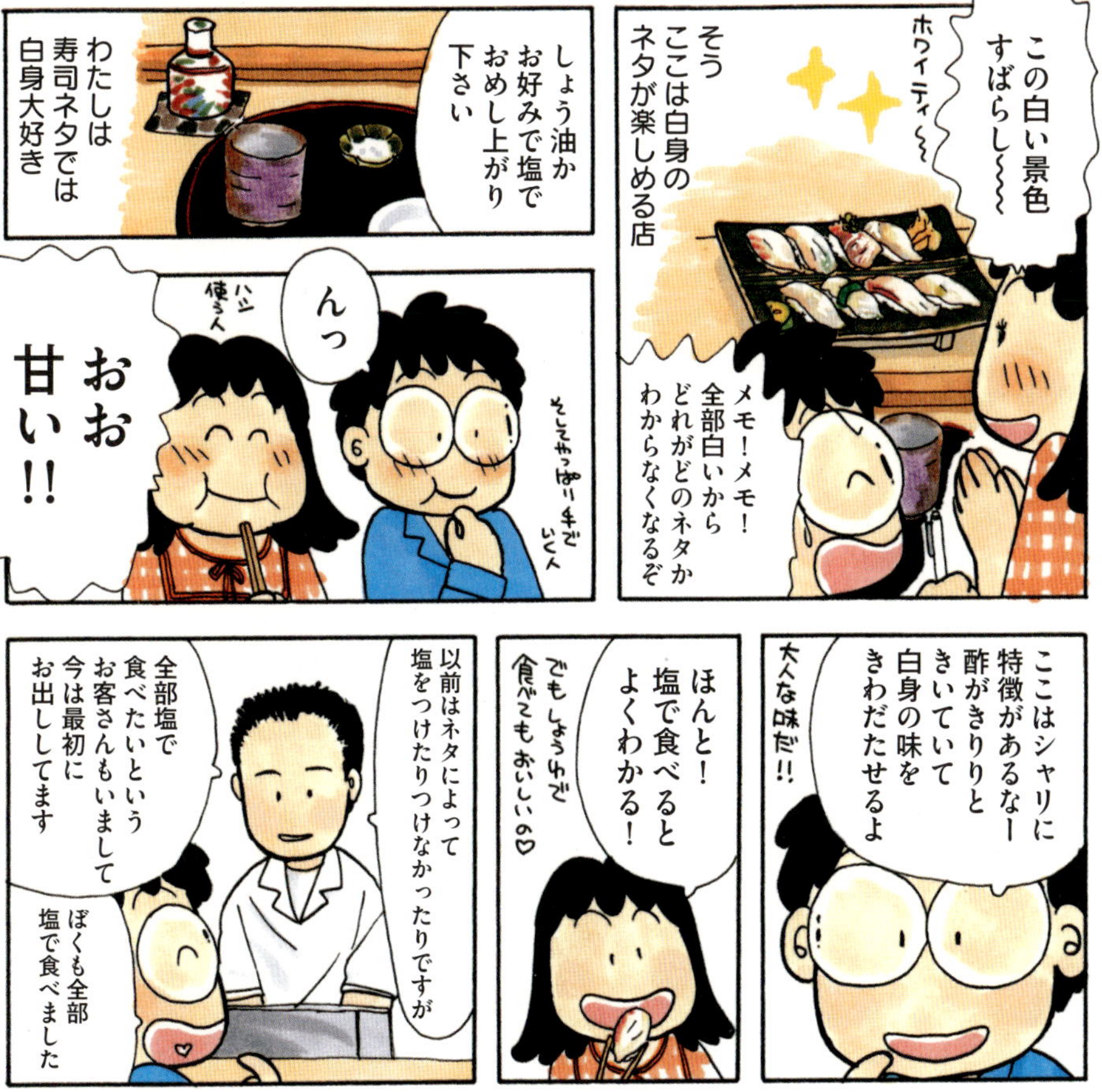
この白い景色すばらし〜〜〜
ホワイティ〜
そう ここは白身のネタが楽しめる店
メモ!メモ! 全部白いからどれがどのネタかわからなくなるぞ
しょう油かお好みで塩でおめし上がり下さい
わたしは寿司ネタでは白身大好き
んっ
ハシ使う人
そしてやっぱり手でいく人
おお甘い!!
ここはシャリに特徴があるなー酢がきりりときいていて白身の味をきわだたせるよ
大人な味だ!!
ほんと!塩で食べるとよくわかる!
でもしょう油で食べてもおいしいの♡
以前はネタによって塩をつけたりつけなかったりですが
全部塩で食べたいというお客さんもいましてて今は最初にお出ししてます
ぼくも全部塩で食べました

白身づくしは難しい。でも楽しい。いつか白身の味の違いを語れるようになるだろうか。築地へ来ても、寿司以外ばかりを食べている僕らには道が遠い。

普通のお寿司もおいしい。築地で寿司を食べるならここは外せない。

ナベMEMO

いい白身を随時数そろえるのは大変なことだそうです
こうして食べると白身の味ってそれぞれちがうんですよ!! ぜひ食べ比べてみてください
スズキ
あいなめ
汁はあら汁でした。

㐂楽鮨【きらくずし】

☎03-3541-0908

【場所】	築地3丁目
【営業時間】	11:30〜15:00/17:00〜21:00
【定休日】	日・祝
【予算】	2000〜8000円

もっと築地あるき❻

うまいもん屋【うまいもんや】

「初めての方・観光客の方お断り」の看板が掲げられており、ちょっと入るのを躊躇《ちゅうちょ》する。こんな看板が掲げられるのも、店内が狭いため、ボストンバッグなど大きな荷物を持ちこまれると置く場所がないからだろう。地元の客を大事にしているということだ。実際は初めての客でも店のルールを守れば大丈夫。怖《こわ》がらず入店してみよう。

「うまいもん屋」という店名からはうさんくささというか、逆にうまいものがなさそうな印象をうけてしまいがちだが、ここでは店名通りうまいものが食べられる。営業時間は昼と夜だが、とくに夜は何があるのかわからない。わかっているのは「うまいもん」があるということだけ、という店名に忠実な店だ。

昼のメニューは6つ。まぐとん（マグロと豚汁）、まぐとろどん（それにとろろが加わったもの）、ねぎとろとん（ねぎとろと豚汁）、気変定食（日替わりじゃなく気分で変わる）、サバ塩焼き定食、アコウダイ煮定食。小さく掲示されているので、最初はわかりづらい。ご飯は丼のような茶碗、豚汁も丼のような椀、ポテトサラダやマグロブツ、おひたしなどのつけあわせが出てきて、満腹になってしまうこと必至だ。男性でもご飯半分ってオーダーしている人が多い。女性はご飯が少なめで出てきて100円引き。大盛り・おかわりは100円増しだけど、大盛りを注文するのは覚悟が必要だ。

夜は予約必須。予約の際、会社名と名前を聞かれるので初めてだととまどうかもしれない。注文はアラカルトでも頼めるけど、おまかせ（4000円くらい）がおススメだ。築地らしい魚と野菜を中心とした品々が、食べきれないような量で次々と出てきて圧巻である。その日の仕入れ具合で珍しい食材も出てくるので、何が食べられるかはお楽しみ。意表をつかれるわくわく感がこの店にはある。

日本酒は四合瓶・1升瓶でのオーダーなので注意が必要だ。焼酎はデキャンタも注文できるが、基本はボトル。ボトルキープはできないので飲みきれなければ持ち帰りとなる。飲めない人にはお茶が無料で出てくる。ソフトドリンクはない。

この店、人により評価が真っ二つに分かれる。予備知識なしで訪れたらとまどう面もある。席が狭い（僕は気にならないが）、女将《おかみ》さんが無愛想（でもそれは夫婦二人きりで店を切り盛りしているからで、忙しくなければ愛嬌のある人だ）、店内は禁煙・禁携帯・禁香水（むしろその方がうれしい）。そんな店だと納得できれば、きっと気に入るはず。

だってうまいもん。

【場所】 築地2丁目
【営業時間】 11時30分〜13時30分
18時〜22時
【定休日】 土・日・祝
【予算】 800〜1000円（昼）
3500〜6000円（夜）

ふじむら

昼には1000円程度で定食が食べられる。店内にはテーブル2卓とカウンター3席しかないので、いつも混んでいる。

ボリュームたっぷりの角煮がおいしい。やわらかくうまみのある肉部分と、角煮の真骨頂であるとろける脂身部分もくどさはない。味が染みた大根もうまくスキがない。

初めて行った時は、焼き魚が甘ダイの一夜干しでとてもおいしかった。これが850円で出てくるのは驚きだ。刺身定食は5点盛り。天プラ定食は車エビ×2、ホタテ、ナス、ニンジン、玉ネギ、大葉、マイタケ、シイタケ。衣は軽く薄い。

小鉢もダシのきいた立派なもの。ご飯の大盛り・おかわりは2杯目まで無料。

【場所】 築地2丁目
【営業時間】 11時30分～15時
17時～23時
【定休日】 土・日・祝
【予算】 850～1200円

あゆむ

屋号が「フレンチもんじゃ&参鶏《さむげ》湯《たん》・あゆむ」という変わり種。エビとアボガドもんじゃ、ウニもんじゃ、鶏としめじ茸もんじゃ、参鶏湯のコースなどがある。

和風のダシではなく野菜のブイヨンを使っている。基本的にソース・しょう油は使わず塩味という異端のもんじゃ屋だ。築地でフレンチなもんじゃと参鶏湯とは、自分のやりたいことだけやりましたといった感じでいいんじゃないか。少なくとも他では食べられないのは確か。

参鶏湯がうまい。韓国の国宝参鶏湯で修業し、姉妹店の名乗りを許されているらしい。これ一本でもやっていけるだろうと思う。

【場所】 築地7丁目
【営業時間】 11時30分～14時
18時～23時
【定休日】 日・祝
【予算】 900～1200円（昼）
4000～6000円（夜）

なかがわ

「築地の天プラに両川あり」と僕が勝手にいっているのが、「黒川」と、この「なかがわ」。

茅場町の「みかわ」早乙女氏のもとで修業した中川氏が独立して開いた店だ。

エビやイカは中心部がレアで甘みを強く感じる。ネタにより衣の厚さを変えているみたいだ。天プラのおいしさを再発見させてくれる店。天プラは油によって素材への加熱具合を操る料理だと実感した。

ランチメニューの天丼や定食がなくなってしまったが、ぜひとも奮発してコースをいってみたい。

【場所】 築地2丁目
【営業時間】 11時30分～13時30分
17時～21時
【定休日】 月
【予算】 4500～7500円（昼）
6000～9000円（夜）

やまだや
YAMA DAYA
市場も寝静まる夜6時過ぎー
裏道にぽっとともる灯
築地らしくないそのおしゃれな外観
木の扉をひらけば
そこに広がるのは
芳醇で至福の空間
「やまだや」
いらっしゃいませ
中もおしゃれですが臆さず入ろう
中はいっぱいだ
おしゃれだけど落ち着くね
いろんなものがあって迷うなー
毎日、手書きしていると思われる
刺身 おすすめ
メニューにはその日のおススメがいっぱい
お刺身盛り合わせです
うおおー来た来た
刺身系に迷ったら盛り合わせを頼んでみよう。厳選されたネタを人数分出してくれます
水ダコは塩でお召し上がり下さい
ほっ
ちゅるんっ
おおっ
みずみずしいっ

なのに何?! 最後にサクッとくるよサクッと
うーこんなタコがあるのか…
ビントロ…
うわあぁぁ
これビントロじゃなーーーい なにこのとろけるの?!
いやこれがビントロなんだって
じゃー今まで食べてたのは何だったのっ
ホタテのクリームコロッケです
お好みでソースをおつけ下さい
サクッ
じゃ まず ソースなしで
ほわああ〜
へっ
もう思い残す事はございません…
昇天。

おいっ 正気かー
なっ…なんなんすかこのフンワリとやさしくKOしてくるベシャメルソースは!!
遠まわしに直撃してくるホタテの風味は!!
その大きさのコロッケなのになんだそのチビチビ食いは…
だだってーなくなっちゃうと嫌だもん
チョビ
チョビ
店長のやまださんによると
そんなに特別なことはしていないのですが
作り方 かんたんに教えてくれましたが…
とにかくなめらかにていねいに作っているんです
聞いてもたぶん同じ物は出来ません
豆腐の味噌漬けです
上にチーズがのっています。
ちび
おおー
これもかわいいね
今度はあんたがかいっっ
魂
うーなんっちゅー奥深い味わい
直径約3cmの中にひろがる無限の宇宙〜〜
上のクリームチーズとバツグンのタッグを組んでるよ

最上級の酒の肴だー
酒がススム 酒がススム
君に会えてよかった
この出会いにかんぱ〜い
ハッピー
ジュワ
やまだやベーコンです
これはまた意表をつかれるものが登場
ジューシーなベーコンふんわりと鼻先を抜けるのは…
厚切りだぁ
エスニックだー!!
つけあわせの野菜もクミン風味でエスニックー
白子の昆布焼き
↓昆布が下にしいてある
昆布の香りが白子をひきたてるね
ウォークリィィミ〜
うまみが増すーさすがグルタミン酸
この下にしいてあった昆布はあとで焼いて出してくれるのだ
白子がへばりついているのだー
わたしもたしかにもったいないと思ってたのよー
また酒がススム…
へしこのピザです
香ばしーい
パリパリ
おおっまさしくへしこっうまく使ってあるなー
多勢で来るとかなり取りあいに…♪
おどろかされるのは
料理の香りのアレンジの多彩さー
まさに香りに始まり香りに終わる
蒸しガキです

食材のもつ
香りの力を
十二分に引き出す
エンターテイナーさは
わたしたちを心地よく
やまだや・マジックに
いざなっていく
うおー
これは生より数段ふくよかっ
うわー
酒も「やまだや」を楽しむ大きな要素です
梅酒はクレハロワイヤル紅茶を使ったものです
あっほんと紅茶のいいかおり!
お酒がダメなはずのわたしですが「やまだや」の酒なら
ロックで2杯いける!
むしろロックが楽しい~
通常ソーダ割一杯の低燃費
カパ
快挙だぁー
見のがせないのが「やまだや」の酒のセレクト
このメニューにのってない酒もあるんですよ
えっじゃあそれを燗《かん》で
ちょうど45度くらいがいいですね
50度まで行っちゃうとダメなんです 45度がいいんです!!
は…はい。
この肴に合うお酒はどんなのが?
しゅたっ
あっはい今こんなお酒が
じゃっこっちの肴に合うのは
しゅたたたっ
でしたらこれなんか
先日ここの蔵元に行きましてあっ写真見ます?!

じゃー精米歩合80くらいのお酒ってあります？
え
ええー
ええー
ええー
けずってない米を使った酒ってあんまり置いてる所ないんだよねー でもここならあるかもって思ったんだけど…
またそんな無茶を
でもなんかやまださん困ってるよ
いや…
ええーーと
ぐしゃぐしゃ
それは今ないんですが面白い酒ならありますよ よかったらそれを
あれは困りながらよろこんでるんだよ
それにしてもお客さん入店した時からまったくメンバー変わってないよね
もうそろそろ3時間…
出てった人もいないし もののみごとにみーんな長っ尻
いごこちがいいっていうのもあるよねー
みんな落ちついた感じのお客さんばかり
や 次は何たのもう
これもいいなー
これははずせないっしょ
いい酒と肴に酔ってる間に
あっという間に時間がたっちゃう感じだね

金目の
しゃぶしゃぶです
うおっ
うほわ〜ん
とろけるぅ〜
一人何切れまで
食べられるの〜
ほらっ
目ん玉
目ん玉
ぷるっぷる
この目ん玉ゲットは
ジャンケン必至 真剣勝負
最後にぜひたのみたい名品が
デザートです
ガトーショコラと
黒糖アイスです
本当は単品ですが
2種たのんだら
2人分に分けてくれました。
アイス
絶品
このくるみの
香ばしさ超絶
ガトーショコラは
やまださん奥さんの
手作りなんだよ
これも
濃くてぎっしり
アイス
担当のシゲさん
ナッツに
ついて
熱く語って
くれました
めちゃくちゃ
おいしかった
です!!
ナッツってのは
買ったその日に
火を通すのが
一番おいしいんです。
一度
生を
買って
焼いてすぐ
食べてみて
下さい
スタッフは
イケメンぞろいっす!!
とにかく
もう
もう
もう
「やまだや」はスゴイ!!

ナベ column

やまだやで一杯

やまだや

おいしい料理と同じくらい、おいしいお酒は魅力的。そして築地で今、一番おいしい酒が飲めるのは「やまだや」だ。

「やまだや」では、至福のサービスが受けられる。初めて「やまだや」を訪れた時、日本酒メニューからある酒を選び、常温と上燗《かん》で一合ずつ注文した。すると、「では、お席で温度を変えられるようにいたしましょう。温度による変化を楽しんでください。燗ざましもぜひ」と店主からのありがたい言葉。

築地の料理との相性という点で、ここでは純米酒をおススメしたい。しっかりとした造りの芳醇《ほうじゅん》な純米酒は、料理と酒がお互いを引き立てる。食中酒として最高だ。

そして、そんな純米酒の魅力を最大限に引き出すのが、「燗」と「熟成」。しっかりとした造りの酒は燗にすると味に深みが出る。そして、熟成された酒は味が豊かになる。「やまだや」で飲めるのは店主が太鼓判を押す、そんなしっかりとした酒だ。

熟成は、冷暗な蔵で何年も寝かせることばかりをいうのではなくて、封を切ってから進むものもあるようだ。以前は、封を切った日本酒は早く飲み切らないと酸化しておいしくなくなると思い込んでいたが、いい酒は空気と触れ合ってから味がのってくる。それを教えられてから、家で酒を飲むのが楽しくて仕方がない。封を切り、日々変わっていく酒を、まるで成長するかのように感じている。

燗と熟成には、ろ過しすぎていない日本酒が合う。ろ過は雑味を取るために行うが、やりすぎるとうま味まで削れてしまうので塩梅《あんばい》が難しい。短所をなくすより、長所を伸ばした方が面白い。燗したり、熟成させたりすると、酒の角がとれ味わいが深くなる。日本酒の懐《ふところ》の深さ、豊かさにふれられる。

「やまだや」ではそんな日本酒の本当の魅力に出会える。今まで日本酒を冷やして飲んでいた方には、燗も試してみてもらいたい。どのくらいの温度がいいかを自分で見つける楽しさもあるが、店のスタッフに聞けばおススメの温度を親切に教えてもらえる。

「やまだや」の料理は、自然なうま味が豊かなものが多い。これらが、日本酒と一緒になるとさらに美味しく感じる。洋風メニューも実は日本酒と相性がよい。

まずは「やまだや」で、店長おススメの酒を燗にしてもらって飲んでみよう。おいしすぎて飲み過ぎないように注意して。

【場所】築地7丁目
【営業時間】18時～23時
【定休日】日・祝
【予算】5000～8000円

うまい酒と肴があるって
幸せだよなあ

築地のあるき方
市場内のお店などで買える千社札ストラップ
築地あるき築地あるきとさんざんいっていますが
わたしたちが歩いているのはメインが魚がし横丁と場外市場
日本の台所といわれる仲卸《なかおろし》にはたまにしか足をふみ入れていません
以前は荷物をつんだ列車がそのまま乗り入れていたのでレールにそった湾曲型になっています
水産物部
仲卸業者売場
仲卸はプロの現場ってイメージが強い
小心者《チキンハート》!!
築地の本懐はそこなんじゃないのか?!
…となじられても
我々のような素人が行くのは怖れ多い気がして…
しかしこの目で新鮮な魚介類を見て買い物してみたい!!という人も多いでしょう
そんな時は
業者の流れがいったんひく9時以降がおススメ
逆に遅すぎると今度はものがほとんどない状態になります
もう片付けに入っています…
築地正門の入り口には全体の見取図などがおいてありますからそれも参考にして下さい
日本語以外のインターナショナルバージョンもあります
Visitor Guide
見学のご案内

上を見上げると
お店の看板
らしきものが
しかしそれを見ながら
歩いても
危ないので
そこはすみやかに
ガガー
しゅたっ
何度か通って場慣れするのが
一番です
だん
だん
業者の人達は
逆に動じずに歩くのが
コツだと聞きます
結局そ～ゆ～う
結論かい…
勇気を出して入ったら
いろいろ見てみましょう
尾の身
1,100円
ホホ
1200円
尾の身
600円
尾の身
それはそれは
楽しい発見や出会いが
あります
買い物は基本的に
あまり値切ったり出来ません
わあ～
これ
すごい！
それは
いいよー
中には出来る店もあるけど
みなさんプライドを持って
値段を決めているのですよ
さて 築地に来る時の
服装についてです
場内・外ともスタイルは
動きやすいかっこうで
基本はカジュアル。
ワーワーフワフワが
ひろがらない
もの
夏の日傘もハゴミの中
危険が多いので
さけましょう
UV
クリーム
必須!!
春・秋の日中あったかい日でも
市場の朝は意外と寒いもの
さっと上から羽織れるものを
足元は
よごれても
かまわない
ように!!
わたしはよく
ハネをあげて
足元ドロドロにします
ウエットティッシュもあると便利。
女性は
ストールなんかが
あるといいかも
ちょっとダサイ…
ぬいだ上着を
かけたりおいたりできない
店もあるので着たまま
食事というパタンも
想定しておきましょう
冬は当然寒い!!
防寒しましょう!!
行列するお店なら なおさら!!
やっぱり定番の
ニーやーかっこが
ベストではあります。
業者さんスタイルは
究極の機能美なのです

あまり知られていませんが…
足元・サンダルは
本当はＮＧなんです
なぜなら
危ないから
手荷物は少なめに
旅行などで多い時は
駅のロッカーなどに預けましょう
ベビーカーも
避けるのがベターです
なぜなら
でも余裕があれば
クーラーバックを持って行きましょう
玉子焼
どこの家にでもある保冷剤を入れておく
常温で
持ち歩くには心配な
でもステキなものにめぐり会っても
気にせずゲットできます！
ぬいだ上着を入れておくのにも便利。
マイバックも
エコ目的以外にたくさんの
買い物をまとめられて便利！
お子さんをひざに
抱いても
せまーい
店は多いです
ぎち
ぎち
あとお子さんを連れてくるなら
うわあああ
きゃー!!
ホケー
くれぐれも
目を離さない!!
手を離さない!!
本当に目撃しました.
友だちや同行者がいる時は
横並びに歩くのは
やめましょう
キャーハハハ
わたしら
仲良し
手を
つないでく〜
場内・外ともに
業者さんはいっぱい
いますのでそれを
念頭に置いて
行動しましょう
相手がどいてくれるという考えはとりあえず横にのけておきましょう

複数で行っても
全員入れないお店も多い
バラけて入店する
心づもりで
6人なんですけど～
今お2人しか入れないんです
あとは待っていただくしか
あとでみんなで
報告し合うのも
楽しいものです
あっちのはよかったよー
オレ達なんかあっちでめずらしいもの食べたー
観光ツアーなんかは
市場内では
自由行動みたいですね
ツアー
はいココで解散!!
○時集合
市場内はたてこんでますので
初めての時は迷って
しまうかも
最近はネットや本などで
いろいろ紹介されていますので
それを利用しましょう
食べ歩きコメントラン
築地で食べ
下調べして行くだけで
出だしが
ちがいます
下調べの利点はほかにも
「行列してる店だけが
おいしいとは
限らない」
行列してるんだからここがおいしいにちがいないわ
ズラー
「築地＝安い海鮮」にこだわらなければさがしやすい!!
アラもう集合時間来ちゃう～
おっココだココだ
さっ
さっ
何店かピックアップしておくとよいね
調べて行けば
すんなり入店できて
見てまわる時間も
たっぷり取れます
ちょっとした心がけで
その先には
ステキな
パラダイスが!!
あと基本的に
市場は日曜祝日休みです
水曜も休市日あり
↑やってる店も一部あり
昼過ぎに閉まる店が多いけど
午後も営業しているお店も
あるのであきらめずに
探してみましょう

おわりに

当店のメニュー、ご満足いただけましたか？
最後まで「築地あるき」におつきあいいただき、
ありがとうございます。
私たち夫婦が築地に通い始めたのは、平成17年のこと。
しばらくして、妻であるマンガ描きのおざわゆきが
「築地をマンガに描いてみよう」と思い立ち、
執筆してホームページに発表したりしておりました。

それを自費出版「築地あるき」として、
本にまとめたのが、平成19年の暮れのこと。
これが思いがけず評判がよかったのです。
それに気をよくして第二弾も出すことに。
夫の渡邉博光をブレーン兼コラム担当として加え、
平成20年の秋、二人で自費出版「築地あるき2」を作りました。
そして、ついに今回、飛鳥新社さまより単行本化の

GOCHISOUSAMA!!

お話をいただくにいたりました。
本当に身に余る光栄で、ありがたくてありがたくて、
アジフライを持つ手もプルプルふるえております。

この本で、築地の楽しさ、奥深さを
少しでも知ってもらえたらうれしいです。

この本は、前述の自費出版「築地あるき」「築地あるき2」を
再構成・加筆し、全ページカラーとして新たに描き下ろしました。

このたび、本作の描き下ろしカラーのために
コピックを提供くださいました㈱ＴＯＯ様、
ありがとうございました。

では、皆様のまたのご来店、お待ちしております!!

おざわ　ゆき
渡邊　博光

築地あるき

2009年11月18日　初版第1刷発行

著者　おざわゆき　渡邊博光

発行者　土井尚道

発行所　株式会社 飛鳥新社
〒101−0051
東京都神田神保町3−10
神田第3アメレックスビル
電話／［営業］03(3263)7770
　　　［編集］03(3263)7795
http://www.asukashinsha.co.jp/

印刷・製本　シナノ書籍印刷 株式会社

デザイン　五味朋代（アチワデザイン室）

編集　大谷智通

万一、落丁・乱丁の場合は、送料当方負担でお取り替え致します。
小社営業部宛にお送り下さい。
ISBN978-4-87031-964-6

※取材店舗などの情報（住所・電話番号・価格・マップなど）は、
2009年11月時点のものになります。

おざわゆき

11月13日愛知県生まれ。AB型。集英社の少女マンガ誌でデビュー。現在は同人誌を中心に活動中。サークル「おざわ渡邊」にて、ほのぼのタッチのシリアスマンガを展開中。パズル誌にて4コマ漫画もときどき執筆中。好きな食べ物はイカフライ、鳥料理、みたらしだんご、チョコレート。

渡邊博光

1967年8月7日千葉県生まれ。B型。建設会社にエンジニアとして勤め、なかなか築地へいけないのをもどかしく感じている。勢い、築地へ行けるとなると、ハシゴしてしまい食べ過ぎる。一級土木施工管理技士。魚食スペシャリスト3級。好きな食べ物は、穴子天、塩むすび、カレー、そば。

[おススメサイト]

●築地の休市日など知りたければこちらをどうぞ
「ザ・築地市場」
http://www.tsukiji-market.or.jp/

●TVチャンピオン・築地王、小関敦之氏の築地サイト
「築地市場を食べつくせ!」
http://www.tsukijioo.com/

●築地の飲食店情報満載の、つきじろう氏のグルメブログ
「春は築地で朝ごはん」
http://tsukijigo.cocolog-nifty.com/blog/